T0012699

La Psicología del Dinero

La Psicología del Dinero

18 CLAVES IMPERECEDERAS SOBRE RIQUEZA Y FELICIDAD

MORGAN HOUSEL

PAIDÓS

Obra editada en colaboración con Editorial Planeta – España

Título original: *The Psychology of Money. Timeless Lessons on Wealth, Greed, and Happiness*

Originally published in the UK by Harriman House Ltd in 2020, www.harriman-house.com

© Harriman House Ltd., 2020
© de la traducción, Arnau Figueras Deulofeu, 2021

Adaptación de portada: © Genoveva Saavedra / aciditadiseño, a partir de la idea original de Chris Parker
Fotografía de portada: © Yoshi.ta / Shutterstock

© 2023, Editorial Planeta, S. A. – Barcelona, España

Derechos reservados

© 2024, Ediciones Culturales Paidós, S.A. de C.V.
Bajo el sello editorial PAIDÓS M.R.
Avenida Presidente Masarik núm. 111,
Piso 2, Polanco V Sección, Miguel Hidalgo
C.P. 11560, Ciudad de México
www.planetadelibros.com.mx
www.paidos.com.mx

Primera edición impresa en España en Booket: febrero de 2023
ISBN: 978-84-08-26813-0

Primera edición impresa en esta presentación: mayo de 2024
Primera reimpresión en esta presentación: junio de 2024
ISBN: 978-607-569-710-9

Impreso en los talleres de Bertelsmann Printing Group USA
25 Jack Enders Boulevard, Berryville, Virginia 22611, USA.
Impreso en U.S.A - *Printed in U.S.A.*

Para

mis padres, que son mis maestros.

Gretchen, que es mi guía.

Miles y Reese, que son mi inspiración.

Índice

«Un genio es el hombre capaz de actuar con normalidad cuando el resto de las personas de su alrededor se están volviendo locas.»

NAPOLEÓN

«El mundo está lleno de cosas obvias en las que nadie se fija nunca ni por casualidad.»

SHERLOCK HOLMES

INTRODUCCIÓN.
El mayor espectáculo de la Tierra

D URANTE LOS AÑOS en los que estudié en la universidad, trabajé de aparcacoches en un lujoso hotel de Los Ángeles.

Uno de los clientes habituales era un ejecutivo de una empresa tecnológica. Ese hombre era un genio, pues a los veintipocos años había diseñado y patentado un componente esencial para los rúteres wifi. Había creado varias empresas y las había vendido. Era una persona con un éxito apabullante.

No obstante, tenía también una relación con el dinero que yo describiría como una mezcla de inseguridad y estupidez infantil.

Llevaba encima un fajo de cientos de dólares de varios centímetros de grosor. Se lo enseñaba a todas las personas que querían verlo y a muchas que no. Alardeaba abierta y escandalosamente de su riqueza, a menudo estando borracho y siempre sin que viniera a cuento.

Un día le dio varios miles de dólares en efectivo a uno de mis compañeros de trabajo y le dijo: «Ve a la joyería que hay en esta calle y tráeme unas cuantas monedas de oro de 1.000 dólares».

Al cabo de una hora, monedas en mano, el ejecutivo tecnológico y sus amigos se reunieron en un muelle que daba al océano Pacífico. Allí se pusieron a tirar las monedas al mar, haciéndolas saltar como si fueran piedras y soltando carcajadas mientras discutían sobre quién había lanzado más lejos la piedra. Simplemente por diversión.

Días después, el hombre rompió una lámpara del restaurante del hotel. Un encargado le dijo que la lámpara valía 500 dólares y que tendría que cambiarla por una nueva.

«¿Quieres 500 dólares? —preguntó incrédulo el ejecutivo mientras se sacaba un fajo de billetes del bolsillo y se lo daba al encargado—. Pues aquí tienes 500 dólares. Ahora sal de mi vista. Y no vuelvas a insultarme así jamás.»

Tal vez te preguntarás cuánto puede durar un comportamiento de esa índole. La respuesta es que «no mucho». Años después, me enteré de que el ejecutivo se había arruinado.

La premisa de este libro es que el hecho de que te vaya bien en cuestiones de dinero tiene que ver un poco con lo listo que seas y mucho con cómo te comportas. Y el comportamiento es algo difícil de enseñar, incluso a gente muy inteligente.

Un genio que pierde el control de sus emociones puede ser un desastre financiero. Y lo mismo vale en caso contrario: gente de a pie sin formación en finanzas puede enriquecerse si cuenta con algunas habilidades conductuales que nada tienen que ver con indicadores formales de inteligencia.

Mi entrada favorita en la Wikipedia empieza así: «Ronald James Read fue un filántropo, inversor, conserje y trabajador de gasolinera estadounidense».

Ronald Read nació en una zona rural de Vermont. Fue la primera persona de su familia que terminó los estudios secundarios, lo cual es aún más impresionante si se tiene en cuenta que iba a clase todos los días haciendo autoestop.

Para quienes conocieron a Ronald Read, no habría mucho más que mereciera la pena mencionar. Su vida fue de lo más austera y discreta.

Read arregló coches en una gasolinera durante veinticinco años y barrió suelos en una tienda de JCPenney durante diecisiete. Se compró una casa de dos habitaciones por 12.000 dólares a los treinta y ocho años y allí vivió durante el resto de su vida. Enviudó a los cincuenta y nunca volvió a casarse. Un amigo recordaba que su principal pasatiempo era cortar troncos y hacer leña.

Read murió en 2014 a los noventa y dos años. Fue entonces cuando ese humilde conserje de pueblo fue objeto de portadas en todo el mundo.

En 2014 murieron 2.813.503 estadounidenses. Menos de 4.000 tenían un patrimonio neto de más de ocho millones de dólares al fallecer. Ronald Read era uno de ellos.

En su testamento, aquel exconserje dejó dos millones de dólares a sus hijastros y más de seis millones al hospital y a la biblioteca de su pueblo.

Quienes conocían a Read quedaron perplejos. ¿De dónde había sacado todo ese dinero?

Pues resultó que no había secreto. Ni le había tocado la lotería ni había recibido una herencia. Read ahorró lo poco que pudo y lo invirtió en valores seguros. Luego esperó, a lo largo de varias décadas, mientras unos pequeños ahorros se iban multiplicando hasta superar los ocho millones de dólares.

Tal cual: de conserje a filántropo.

Unos meses antes de que muriera Ronald Read, en las noticias apareció otro hombre, un tal Richard.

Richard Fuscone era todo lo que no era Ronald Read. Fuscone —ejecutivo de Merrill Lynch formado en Harvard y con un máster en Administración de Empresas— tuvo una carrera tan exitosa en el mundo de las finanzas que se retiró a los cuarenta y pocos para ser filántropo. David Komansky, ex consejero delegado de Merrill Lynch, elogió «la capacidad de liderazgo, los conocimientos empresariales, el buen juicio y la integridad personal» de Fuscone.[1] En una ocasión, la revista de economía *Crain* lo incluyó en su lista de empresarios exitosos «40 de menos de 40».[2]

Pero luego, al igual que el ejecutivo tecnológico que hacía saltar monedas, todo se fue al garete.

A mediados de la década de 2000, Fuscone se endeudó mucho para ampliar una vivienda de más de 1.500 metros cuadrados en Greenwich, en el estado de Connecticut, que tenía once baños, dos ascensores, dos piscinas, siete garajes, y cuyo mantenimiento costaba más de 90.000 dólares al mes.

Entonces llegó la crisis financiera de 2008.

La crisis fue un batacazo para las finanzas de prácticamente todo el mundo. A Fuscone, al parecer, lo dejó sin blanca. La elevada deuda y los activos sin liquidez lo arruinaron. «Hoy por hoy no tengo ingresos», declaró supuestamente ante el juez en 2008.

Primero le embargaron su casa de Palm Beach.

En 2014 fue el turno de su mansión de Greenwich.

Cinco meses antes de que Ronald Read dejara su fortuna para fines benéficos, la casa de Richard Fuscone —donde los invitados recordaban el «placer de cenar y bailar encima de una plataforma transparente que cubría la piscina interior de la casa»— se vendió en una subasta por ejecución hipotecaria por un 75% menos de lo que la compañía de seguros calculó que valía.[3]

Ronald Read fue paciente; Richard Fuscone fue codicioso. Eso fue lo que dejó sin efecto las enormes diferencias entre ambos en cuanto a formación y experiencia.

La moraleja de esta historia no es ser más como Ronald y menos como Richard, aunque este no es un mal consejo.

Lo fascinante de esas historias es que solo son propias del mundo de las finanzas.

¿En qué otro sector alguien sin formación universitaria, sin conocimientos sobre la materia, sin experiencia formal y sin contactos puede superar en tal grado en sus resultados a alguien con la mejor formación, la mejor preparación y los mejores contactos?

Me cuesta dar con alguno.

Es imposible concebir una historia en la que un Ronald Read lleve a cabo un trasplante de corazón mejor que un cirujano formado en Harvard. O en que alguien diseñe un rascacielos mejor que el arquitecto que ha recibido la mejor formación. Como tampoco se publicará nunca una noticia sobre un conserje que superó a los mejores ingenieros nucleares del mundo.

Pero esas historias sí ocurren en el mundo de las inversiones.

El hecho de que Ronald Read pueda coexistir con Richard Fuscone tiene dos explicaciones. La primera es que los resultados financieros dependen de la suerte, independientemente de la inteligencia y del esfuerzo. Esto se cumple hasta cierto punto, y a lo largo de este libro vamos a tratar esta cuestión con más detalle. Y la segunda, que, a mi juicio, es más habitual, es que el éxito financiero no es una ciencia pura y dura. Es una *soft skill* («habilidad blanda», «habilidad conductual o emocional»), en la que cómo te comportas es más importante que lo que sabes.

Esa habilidad emocional es lo que yo llamo «psicología del dinero». El objetivo de este libro es convencerte mediante historias breves de que las habilidades emocionales son más importantes que los conocimientos técnicos sobre el dinero. Y lo haré de una forma que va a ayudar a todo el mundo —desde Read hasta Fuscone, pasando por todos los que están entremedio— a tomar mejores decisiones financieras.

Me he dado cuenta de que estas habilidades emocionales están muy infravaloradas.

Las finanzas se enseñan como una disciplina basada en las matemáticas, en la que pones datos en una fórmula y la fórmula te dice lo que hay que hacer; y se supone que tú luego vas y lo haces.

Esto es cierto en las finanzas personales, donde te dicen que tengas un fondo de emergencia para seis meses y que ahorres un 10 % de tu salario.

Es cierto en las inversiones, donde conocemos las correlaciones históricas exactas entre tipos de interés y capitalizaciones.

Y es cierto en las finanzas empresariales, donde los directores financieros pueden medir el coste preciso del capital.

No es que ninguna de esas cosas esté mal o sea errónea. Lo que ocurre es que saber qué hay que hacer no te da ninguna información sobre lo que se te pasa por la cabeza cuando intentas hacerlo.

————————

Hay dos cuestiones que afectan a todo el mundo, tanto si te interesan como si no: la salud y el dinero.

El sector sanitario es un triunfo de la ciencia moderna, que ha hecho aumentar la esperanza de vida en todo el mundo. Los descubrimientos científicos han sustituido las antiguas ideas de los médicos sobre cómo funciona el cuerpo humano, y a raíz de eso prácticamente todo el mundo goza de una salud mejor.

El sector del dinero —las inversiones, las finanzas personales y la planificación empresarial— es otra historia.

Las finanzas han captado las mentes más brillantes salidas de las mejores universidades durante las dos últimas décadas. Los estudios de Ingeniería Financiera eran los más populares en la Escuela de Ingeniería de Princeton hace diez años. ¿Hay alguna prueba de que eso nos haya hecho mejores inversores?

Yo no he visto ninguna.

Mediante el ensayo y error colectivo practicado a lo largo de los años, hemos aprendido cómo convertirnos en mejores agricultores, en fontaneros expertos y en químicos avanzados. Pero ¿acaso el ensayo y error nos ha enseñado a ser mejores en nuestras finanzas personales? ¿Es menos probable que quedemos soterrados por la deuda? ¿Es más probable que ahorremos para cuando vengan mal dadas? ¿Para estar preparados cuando llegue la jubilación? ¿Tenemos una visión realista de cómo el dinero influye, o no, en nuestra felicidad?

Yo no he visto pruebas concluyentes.

Esto se debe en buena medida, creo yo, a que nuestra manera de reflexionar sobre el dinero —y lo mismo vale para lo que nos enseñan sobre esta cuestión— se parece demasiado al funcionamiento de la física (con normas y leyes) y no lo suficiente a la psicología (con emociones y matices).

Y esto, para mí, es tan fascinante como importante.

El dinero está por todas partes, nos afecta a todos y a la mayoría de nosotros nos confunde. Cada uno tiene unas ideas un poco diferentes sobre él. El dinero nos da lecciones sobre cosas que hacen referencia a muchos aspectos de la vida, como el riesgo, la confianza y la felicidad. Pocos temas actúan como una lupa tan potente como el dinero para ayudarnos a explicar por qué la gente se comporta de la forma en que lo hace. Este es uno de los mayores espectáculos de la Tierra.

Mi propia percepción de la psicología del dinero es fruto de más de una década escribiendo sobre esta cuestión. Empecé a escribir sobre finanzas a principios de 2008. Estábamos a las puertas de una crisis financiera y de la peor recesión de los últimos ochenta años.

Para escribir sobre lo que estaba ocurriendo, quería descubrir qué era lo que estaba ocurriendo. Pero lo primero que aprendí tras la crisis financiera fue que nadie sabía explicar con precisión lo que había ocurrido o por qué había ocurrido, por no decir qué había que hacer. Para cada buena explicación había una réplica igual de convincente.

Los ingenieros pueden determinar la causa del derrumbamiento de un puente porque existe un consenso en que, si a un área concreta se le aplica una fuerza de una cierta intensidad, esa área va a ceder. La física no es controvertida. Se guía por leyes. Las finanzas, en cambio, son otra cosa. Se guían por el comportamiento de la gente. Y mi comportamiento puede tener sentido para mí, pero a ti te puede parecer un disparate.

Cuanto más analicé la crisis financiera y escribí sobre ella, más me di cuenta de que podía comprenderse mejor desde la perspectiva de la psicología y la historia que desde una perspectiva financiera.

Para entender por qué la gente se endeuda hasta el cuello, no hace falta estudiar los tipos de interés; hay que estudiar la historia de la codicia, la inseguridad y el optimismo. Para conseguir que los inversores vendan todas las acciones en el peor momento de un mercado bajista no hace falta estudiar las matemáticas de los beneficios que se prevén en un futuro; hay que pensar en la agonía de mirar a tu familia y preguntarte si tus inversiones están poniendo en peligro su futuro.

Me encanta aquella famosa observación de Voltaire: «La historia nunca se repite; el hombre, sí». Se corresponde perfectamente con cómo nos comportamos con el dinero.

En 2018 publiqué un informe en el que esbozaba veinte de los errores, sesgos y causas del mal comportamiento más importantes que he visto que afectan a la gente al gestionar el dinero. Se tituló «The Psychology of Money» [La psicología del dinero], y lo han leído más de un millón de personas. Este libro es sumergirse aún más en esa cuestión. Algunos fragmentos cortos del informe aparecen en este libro sin ninguna modificación.

Lo que tienes entre manos son veinte capítulos, cada uno de los cuales describe las que son, a mi juicio, las características más importantes y a menudo ilógicas de la psicología del dinero. Los capítulos orbitan en torno a un tema común, pero tienen vida propia y pueden leerse independientemente.

No es un libro largo. De nada. La mayor parte de los lectores no terminan los libros que empiezan porque la mayoría de las cuestiones no requieren trescientas páginas de explicación. Yo prefiero exponer veinte aspectos breves que puedas terminar de leer antes que desarrollar uno largo y que acabes dejándolo.

Vamos allá.

1.
Nadie está loco

Tus experiencias personales con el dinero representan tal vez un 0,00000001 % de lo que ha sucedido en el mundo, pero quizás un 80 % de cómo piensas que funciona el mundo.

DÉJAME QUE TE cuente un problema. Puede que te haga sentir mejor acerca de lo que haces con el dinero y que juzgues menos lo que los demás hacen con el suyo.

La gente hace locuras con el dinero. Pero nadie está loco.

Veamos: personas de generaciones distintas, educadas por padres distintos que tenían unos ingresos distintos y unos valores distintos, en partes distintas del mundo, nacidas en economías distintas, que experimentaron mercados laborales distintos con incentivos distintos y grados de suerte distintos, aprenden lecciones muy distintas.

Cada cual tiene su propia experiencia de cómo funciona el mundo. Y lo que has experimentado es más convincente que lo que has aprendido indirectamente. Por tanto, todos nosotros —tú, yo y todo el mundo— vamos por la vida anclados a unas ideas sobre cómo funciona el dinero que varían inmensamente entre unos y otros. Lo que a ti te parece una locura puede tener todo el sentido del mundo para mí.

La persona que creció en la pobreza concibe el riesgo y la recompensa de maneras que el hijo de un banquero rico no puede entender ni por asomo.

La persona que creció cuando la inflación era alta experimentó algo que la persona que creció con precios estables nunca tuvo que vivir.

El corredor de bolsa que lo perdió todo durante la Gran Depresión experimentó algo que el empleado de una tecnológica que disfrutó de la gloria de finales de los noventa ni siquiera puede imaginar.

El australiano que no ha visto una recesión en treinta años ha experimentado algo que no ha vivido ningún estadounidense.

Y así podría seguir y seguir. La lista de experiencias es infinita.

Tú sabes cosas sobre el dinero que yo no sé, y al revés. Vas por la vida con creencias, objetivos y pronósticos distintos de los míos. Esto no es porque uno de nosotros sea más listo que el otro, o porque esté mejor informado. Es porque hemos tenido vidas distintas marcadas por experiencias distintas e igualmente convincentes.

Tus experiencias personales con el dinero constituyen tal vez un 0,00000001 % de lo que ha sucedido en el mundo, pero quizás el 80 % de cómo piensas que funciona el mundo. Por tanto, personas con la misma inteligencia pueden discrepar sobre cómo y por qué tienen lugar las recesiones, sobre cómo deberían invertir el dinero, qué deberían priorizar, qué nivel de riesgo deberían asumir, etc.

En su libro sobre los Estados Unidos de los años treinta, Frederick Lewis Allen escribió que la Gran Depresión «marcó a millones de estadounidenses —interiormente— para el resto de sus vidas». Pero hubo un amplio abanico de experiencias. Veinticinco años más tarde, durante la campaña presidencial, un periodista le preguntó a John F. Kennedy qué recordaba de la Depresión. Él contestó:

No tengo un conocimiento directo de la Depresión. Mi familia tenía una de las más grandes fortunas del mundo y, por aquel entonces, era mayor que nunca. Teníamos casas más grandes, más criados y viajábamos más. Prácticamente lo único que vi directamente fue que mi padre contrató a varios jardineros de más solo para darles un trabajo y que pudieran comer. En realidad, no supe qué había sido la Depresión hasta que leí sobre el tema cuando estudiaba en Harvard.

Ese fue un punto destacado en las elecciones de 1960. ¿Cómo se podía poner al mando de la economía, pensaba la gente, a alguien que no entendía el suceso económico más importante de la última generación? Aquello quedó superado, en muchos sentidos, solamente por la experiencia de Kennedy en la Segunda Guerra Mundial. Esa era la otra experiencia emocional muy generalizada de la generación anterior, y algo que su principal adversario, Hubert Humphrey, no tenía.

El desafío al que nos enfrentamos es que ningún nivel de estudios ni de empatía puede recrear auténticamente el poder del miedo y la incertidumbre.

Puedo leer un texto sobre lo que supuso perderlo todo durante la Gran Depresión, pero yo no tengo las cicatrices emocionales de quienes lo vivieron en primera persona. Y la persona que pasó por aquella experiencia no puede concebir por qué alguien como yo puede tener una visión tan despreocupada de cosas como poseer acciones. Vemos el mundo desde perspectivas distintas.

Las hojas de cálculo pueden recoger la frecuencia histórica de las grandes caídas de los mercados de valores. Pero no pueden recoger el sentimiento de volver a casa, mirar a tus hijos y preguntarte si has cometido un error que va a afectar a sus vidas. Estudiar la historia te hace tener la sensación de que entiendes algo. Pero, hasta que no lo has experimentado y has sentido personalmente sus consecuencias, no puedes entenderlo lo suficiente para cambiar tu comportamiento.

Todos creemos que sabemos cómo funciona el mundo. Pero solo hemos experimentado un pequeño ápice de él.

Como dice el inversor Michael Batnick, «hay que experimentar algunas lecciones antes de poder entenderlas». Todos somos víctimas, de distintas formas, de esa verdad.

————————

En 2006 los economistas Ulrike Malmendier y Stefan Nagel, de la Oficina Nacional de Investigación Económica de Estados Unidos, analizaron cincuenta años del Survey of Consumer Finances [Encuesta sobre las finanzas de los consumidores], es decir, repasaron en detalle lo que hacen los estadounidenses con su dinero.[4]

En teoría, la gente debería tomar decisiones sobre inversión basándose en sus objetivos y en las características de las opciones para invertir que tienen a su disposición en un momento determinado.

Pero esto no es lo que hace la gente.

Los economistas hallaron que las decisiones de inversión de la gente a lo largo de su vida estaban muy vinculadas a las experiencias que aquellos inversores tuvieron en su propia generación, especialmente a las experiencias que tuvieron en los primeros años de la edad adulta.

Si habían crecido cuando la inflación era elevada, invertían menos en bonos en años posteriores de su vida en comparación con quienes habían crecido cuando la inflación era baja. Si habían crecido cuando el mercado de valores tenía solidez, invertían una mayor parte de su dinero en acciones durante su vida en comparación con quienes crecieron cuando el mercado bursátil tenía valores bajos.

Los economistas escribieron: «Nuestros resultados llevan a pensar que la voluntad de los inversores de asumir riesgos depende de su historia personal».

Ni la inteligencia, ni la formación, ni la sofisticación. Solo la mera suerte de cuándo y dónde habían nacido.

El *Financial Times* entrevistó a Bill Gross, el famoso gestor de bonos, en 2019. «Gross admite que probablemente no estaría donde está hoy en día si hubiera nacido una década antes o después», decía el texto. La carrera de Gross coincidió casi a la perfección con una caída generacional de los tipos de interés que dio un impulso a los precios de los bonos. Algo así no afecta solo a las oportunidades con las que te encuentras; también afecta a lo que piensas sobre esas oportunidades cuando se te presentan. Para Gross, los bonos eran máquinas de generar riqueza. En cambio, para la generación de su padre, que sufrió una inflación más alta en su juventud, probablemente los bonos serían considerados destructores de riqueza.

Las diferencias entre las experiencias de cada persona con respecto al dinero no son pequeñas, incluso entre quienes podrían pensar que son muy similares.

Piensa en las acciones. Si hubieras nacido en los años setenta del siglo xx, el índice S&P 500 se multiplicó casi por diez, ajustado a la inflación, cuando eras adolescente y veinteañero. Si hubieras nacido en los cincuenta, el mercado literalmente ni se movió entre tu adolescencia y la treintena, ajustado a la inflación. Dos grupos de personas, separados por la casualidad de haber nacido en años distintos, viven la vida con una visión completamente distinta de cómo funciona el mercado de valores:

O la inflación. Si naciste en los años sesenta en Estados Unidos, la inflación durante tu adolescencia y veintena —tus años de juventud, cuando eres impresionable, cuando desarro-

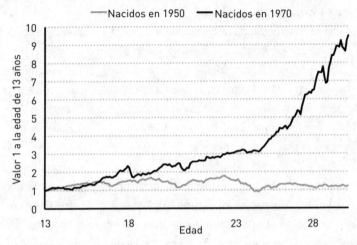

Cómo evolucionaron las acciones siendo el individuo
adolescente y veinteañero

—— Nacidos en 1950 —— Nacidos en 1970

(eje vertical: Valor 1 a la edad de 13 años; eje horizontal: Edad)

llas una base de conocimientos sobre cómo funciona la economía— multiplicó los precios por más de tres. Esto es un montón. Recuerdas que se construyeron instalaciones de gas y que las nóminas daban claramente menos de sí que los sueldos de unos años antes. Pero, si naciste en los noventa, la inflación ha sido tan baja durante toda tu vida que tal vez ni se te haya pasado por la cabeza.

La tasa de desempleo en el conjunto de Estados Unidos en noviembre de 2009 era de alrededor de un 10 %. Pero la tasa de paro de los hombres afroamericanos de entre dieciséis y diecinueve años sin un diploma de estudios secundarios era de un 49 %. En el caso de las mujeres blancas de más de cuarenta y cinco años con formación universitaria era de un 4 %.

Los mercados de valores en Alemania y en Japón quedaron arruinados durante la Segunda Guerra Mundial. Regiones enteras de estos países fueron bombardeadas. Al terminar la guerra,

Cómo afectó la inflación a los precios siendo
el individuo adolescente o veinteañero

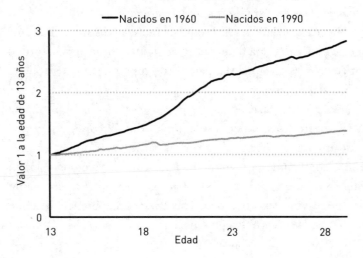

las granjas alemanas solo producían alimentos suficientes para suministrar 1.000 calorías al día a los ciudadanos del país. Compara esta cifra con Estados Unidos, donde el mercado de valores se duplicó con creces entre 1941 y finales de 1945, y la economía disfrutaba de más solidez de la que había tenido en casi dos décadas.

Nadie debería esperar que los miembros de estos grupos vivieran toda su vida pensando lo mismo sobre la inflación. O sobre el mercado bursátil. O sobre el paro. O sobre el dinero en general.

Nadie debería esperar que respondieran de la misma manera a la información financiera. Nadie debería suponer que se vieran influenciados por los mismos incentivos.

Nadie debería esperar que confiaran en las mismas fuentes de asesoramiento.

Nadie debería esperar que coincidieran en qué importa, qué merece la pena, qué es probable que ocurra en un futuro próximo y cuál es el mejor camino que se ha de seguir.

Su visión del dinero se fraguó en mundos distintos. Y, cuando este es el caso, una manera de ver el dinero que para un grupo de personas es escandalosa, para otro grupo puede tener todo el sentido del mundo.

Hace unos cuantos años, el *New York Times* publicó una noticia sobre las condiciones laborales de Foxconn, el enorme fabricante de productos electrónicos taiwanés. En tales empresas, las condiciones a menudo son atroces. Los lectores estaban indignados, y con razón. Sin embargo, una respuesta fascinante a la noticia vino de la mano del sobrino de una obrera china, que escribió en la sección de comentarios:

> Mi tía trabajó durante varios años en lo que los estadounidenses llaman *sweat shops* [talleres de explotación laboral]. El trabajo era duro. Largas jornadas, un salario «bajo» y unas condiciones laborales «malas». ¿Saben lo que hacía mi tía antes de trabajar en uno de esos talleres? Era prostituta.
>
> En mi opinión, la idea de trabajar en uno de esos talleres comparada con el estilo de vida anterior es una mejora. Sé que mi tía preferiría ser «explotada» por un maléfico jefe capitalista a cambio de unos pocos dólares a que su cuerpo fuera explotado por varios hombres a cambio de centavos.
>
> Por eso me molesta la forma de pensar de muchos estadounidenses. Nosotros no tenemos las mismas oportunidades que en Occidente. Nuestras infraestructuras públicas son distintas. Nuestro país es diferente. Sí, trabajar en una fábrica es duro. ¿Podría ser mejor? Sí, pero solo cuando lo comparas con los empleos que hay en Estados Unidos.

No sé qué opinar sobre eso. Una parte de mí quiere rebatirlo, y con vehemencia, mientras que otra parte de mí quiere mostrarse comprensiva. No obstante, se trata, antes que nada, de un ejemplo de cómo experiencias distintas pueden llevar a tener una opinión muy diferente en cuestiones que una de las partes piensa intuitivamente que deberían estar clarísimas.

Cada decisión que la gente toma con respecto al dinero puede justificarse fijándose uno en la información que tiene en ese momento y vinculándola a su modelo mental único sobre cómo funciona el mundo.

Esas personas pueden estar mal informadas. Pueden tener una información incompleta. Pueden ser malas en matemáticas. Pueden ser convencidas por un *marketing* despreciable. Pueden no tener ni idea de lo que están haciendo. Pueden evaluar mal las consecuencias de sus acciones. ¡Vaya si pueden!

Pero toda decisión financiera que toma una persona tiene sentido para esa persona en ese momento y confirma aquello que tiene que confirmar. Las personas se cuentan a sí mismas una historia sobre lo que están haciendo y por qué lo están haciendo, y esa historia es fruto de sus propias experiencias únicas.

Fijémonos en un ejemplo simple: la lotería.

Los estadounidenses gastan más en boletos de lotería de lo que destinan, en conjunto, a cine, videojuegos, música, eventos deportivos y libros.

Y ¿quién compra lotería? Mayoritariamente gente pobre.

Los hogares con menos ingresos de Estados Unidos destinan de media 412 dólares al año a boletos de lotería, cuatro veces lo que gastan los grupos de ingresos más altos. Un 40 % de los estadounidenses no pueden conseguir 400 dólares en caso de emergencia. Lo cual nos dice: quienes compran lotería por valor de 400 dólares son, aproximadamente, las mismas personas que dicen que no podrían conseguir 400 dólares en caso de emergencia. Esas personas están echando a perder sus redes de seguridad destinando dinero a algo que tiene una probabilidad de uno entre millones de que les toque el gordo.

A mí eso me parece una locura. Quizás te lo parece también a ti. Pero yo no formo parte del grupo con los ingresos más bajos. Y probablemente tú tampoco. Así que a muchos de nosotros nos cuesta entender de manera intuitiva el razonamiento subconsciente de los compradores de lotería con bajos ingresos.

Sin embargo, si nos esforzamos un poco, podemos imaginar que el razonamiento va más o menos así:

> Vivimos al día y parece que ahorrar está fuera de nuestro alcance. Nuestras perspectivas de obtener salarios mucho más altos parecen fuera del alcance. No podemos permitirnos unas buenas vacaciones, ni un coche nuevo, ni un seguro médico, ni una casa en un barrio seguro. No podemos llevar a nuestros hijos a la universidad sin endeudarnos hasta el cuello. Buena parte de las cosas que vosotros, la gente que lee libros de finanzas, o bien ya tenéis, o bien tenéis una gran probabilidad de tener, nosotros no las tenemos. Comprar lotería es el único momento de nuestra vida en el que podemos tener en nuestras manos un sueño tangible de conseguir las cosas buenas que vosotros ya tenéis y dais por sentadas. Nosotros pagamos por un sueño, y vosotros tal vez no lo entendáis porque ya estáis viviendo un sueño. Por eso compramos más lotería que vosotros.

No tienes por qué estar de acuerdo con este razonamiento. Comprar lotería cuando estás sin blanca sigue siendo una mala idea. Pero en cierto modo entiendo por qué la gente sigue comprando boletos.

Y esa idea —«Lo que estás haciendo me parece una locura, pero en cierto modo entiendo por qué lo haces»— está en la raíz de muchas de nuestras decisiones financieras.

Pocas personas toman decisiones financieras basándose puramente en una hoja de cálculo. Las toman sentados a la mesa cenando o en una reunión de empresa. Lugares donde la historia personal, tu visión única del mundo, el ego, el orgullo, el *marketing* y unos extraños incentivos están todos mezclados en un relato que a ti te es útil.

Otro punto importante que ayuda a explicar por qué las decisiones relativas al dinero son tan difíciles y por qué hay tantos malos comportamientos es reconocer lo novedosa que es esta cuestión.

El dinero está presente en el mundo desde hace mucho tiempo. Se cree que el rey Aliates de Lidia, actualmente parte de Turquía, creó la primera moneda oficial en el año 600 a. C. Pero los cimientos modernos de las decisiones monetarias —ahorrar e invertir— se basan en conceptos que están prácticamente en mantillas.

Fijémonos en la jubilación. A finales de 2018 había 27 billones de dólares en cuentas de jubilación en Estados Unidos, lo que las convertía en el principal motor de las decisiones sobre ahorro e inversión del inversor corriente.[5]

No obstante, toda esa idea de tener derecho a jubilarse se remonta, a lo sumo, a dos generaciones.

Antes de la Segunda Guerra Mundial, la mayor parte de los estadounidenses trabajaban hasta la muerte. Esa era la expectativa y la realidad. El porcentaje de hombres de sesenta y cinco años o más que trabajaban estuvo por encima del 50 % hasta los años cuarenta del siglo xx:

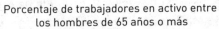

Porcentaje de trabajadores en activo entre
los hombres de 65 años o más

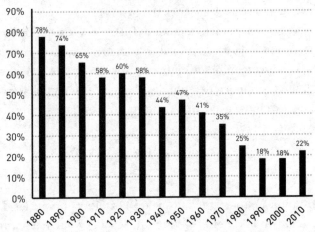

La Seguridad Social tenía como objetivo cambiar eso, pero sus prestaciones iniciales ni se acercaban a una pensión decente. Cuando Ida May Fuller cobró el primer cheque de la Seguridad Social en 1940, el valor era de 22,54 dólares (416 dólares, ajustado a la inflación). No fue hasta los ochenta cuando el cheque medio de la Seguridad Social para los jubilados superó los 1.000 dólares al mes, ajustado a la inflación. Hasta finales de los años sesenta, más de una cuarta parte de los estadounidenses de más de sesenta y cinco años eran clasificados por la Oficina del Censo de Estados Unidos como personas que vivían en la pobreza.

Existe la creencia generalizada de que «todo el mundo tenía un plan de pensiones privado». Pero esta creencia es una enorme exageración. El Employee Benefit Research Institute explica: «Solo una cuarta parte de las personas de sesenta y cinco años o más tenían ingresos de jubilación en 1975». De entre esa afortunada minoría, solo un 15 % de los ingresos de los hogares procedían de una pensión.

En 1955 el *New York Times* escribió sobre el creciente deseo, pero la continua imposibilidad, de jubilarse: «Parafraseando un viejo dicho: todo el mundo habla de la jubilación, pero al parecer muy poca gente hace algo para conseguirla».[6]

No fue hasta los años ochenta cuando arraigó la idea de que todo el mundo merece y debería tener una jubilación digna. Y la manera de conseguir esa jubilación digna ha sido desde entonces una expectativa por la que todo el mundo ahorra e invierte su dinero.

Permíteme que insista en lo novedosa que es esa idea: el plan 401(k), el instrumento central de ahorro de las pensiones en Estados Unidos, no existió hasta 1978. El plan IRA Roth (cuenta de jubilación individual, llamado así por el senador William Roth) no nació hasta 1998. Si fuera una persona, apenas tendría edad para beber alcohol legalmente.

No debería sorprender a nadie que muchos de nosotros seamos malos ahorrando e invirtiendo para la jubilación. No estamos locos. Es que somos novatos.

Y lo mismo vale para la universidad. El porcentaje de estadounidenses de más de veinticinco años con un grado universitario ha pasado de menos de 1 de cada 20 en 1940 a 1 de cada 4 en 2015.[7] La matrícula universitaria media durante ese periodo se multiplicó por más de cuatro ajustado a la inflación.[8] Algo tan grande y tan importante que afecta tan deprisa a la sociedad explica por qué, por ejemplo, tanta gente ha tomado malas decisiones con respecto a los préstamos de estudios durante los últimos veinte años. No hay décadas de experiencia acumulada para siquiera aprender lecciones de ello. Estamos improvisando.

Y lo mismo puede decirse de los fondos indexados, que tienen menos de cincuenta años de historia. Y de los fondos de inversión libre, que no despegaron hasta los últimos veinticinco años. Incluso el uso generalizado del endeudamiento de los consumidores —hipotecas, tarjetas de crédito y préstamos para comprar coches— no se inició hasta después de la Segunda Guerra Mundial, cuando la ley conocida como GI Bill facilitó que millones de estadounidenses obtuvieran préstamos.

Los perros fueron domesticados hace diez mil años y aún conservan algunas conductas de sus antepasados salvajes. Y, aun así, aquí estamos nosotros, con entre veinte y cincuenta años de experiencia en el sistema financiero moderno, con la esperanza de estar perfectamente aclimatados a él.

Para una cuestión que está tan influenciada por las emociones frente a los hechos, esto es un problema. Y ayuda a entender por qué no siempre hacemos lo que se supone que deberíamos hacer con el dinero.

Todos hacemos locuras con el dinero, porque somos todos relativamente nuevos en este juego, y lo que parece una locura para ti puede tener todo el sentido del mundo para mí. Pero nadie está loco; todos tomamos decisiones basándonos en nuestras experiencias únicas que nos parece que tienen sentido en un momento dado.

Y ahora déjame que te cuente la historia de cómo se hizo rico Bill Gates.

2.
Suerte y riesgo

Nada es ni tan bueno ni tan malo
como parece.

L A SUERTE Y el riesgo son dos caras de la misma moneda. Ambos elementos son la realidad de que cualquier resultado de la vida está guiado por fuerzas ajenas al esfuerzo individual.

El profesor de la Universidad de Nueva York Scott Galloway tiene una idea relacionada con esto que es muy importante recordar al juzgar el éxito, tanto el propio como el de los demás: «Nada es ni tan bueno ni tan malo como parece».

Bill Gates estudió en uno de los pocos institutos del mundo que tenía un ordenador.

La historia de cómo el instituto Lakeside School, en las afueras de Seattle, llegó a tener un ordenador es extraordinaria.

Bill Dougall había sido piloto de la Marina de Estados Unidos durante la Segunda Guerra Mundial, pero terminó siendo profesor de matemáticas y ciencias en un instituto. «Él creía que estudiar con libros no era suficiente sin la experiencia del mundo real. También se dio cuenta de que teníamos que saber algo sobre ordenadores cuando fuéramos a la universidad», recordaría el malogrado cofundador de Microsoft Paul Allen.

En 1968 Dougall solicitó que la Asociación de Madres del Lakeside School aprovechara los ingresos de su venta anual de objetos viejos —unos 3.000 dólares— para alquilar un ordenador

Teletype Modelo 30 conectado a la unidad central de General Electric para compartir tiempo de computación. «Toda esa idea de compartir el uso del ordenador no se inventó hasta 1965 —dijo más tarde Gates—. Alguien tuvo una gran visión de futuro.» La mayoría de las facultades universitarias no tenían un ordenador tan avanzado como la computadora a la que tuvo acceso Bill Gates estando en el instituto. Y no se cansaba de usarlo.

Gates tenía trece años en 1968 cuando conoció al compañero de clase Paul Allen. Allen también estaba obsesionado con el ordenador de la escuela, y los dos hicieron buenas migas.

El ordenador del Lakeside no formaba parte del programa de estudios general. Era un programa de estudio independiente. Bill y Paul pudieron juguetear a placer con el aparato y dejar volar su creatividad: después del instituto, tarde por la noche o los fines de semana. Enseguida se volvieron expertos en ordenadores.

Allen recordaba que Gates, durante una de sus sesiones nocturnas, le enseñó un ejemplar de la revista *Fortune* y le dijo: «¿Cómo crees que será dirigir una empresa del Fortune 500?». Allen dijo que no tenía ni idea. «Tal vez un día nosotros seremos propietarios de una empresa de ordenadores», dijo Gates. Ahora Microsoft tiene un valor de más de un billón de dólares.

Hagamos unos cálculos rápidos.

En 1968, en el mundo había, según las Naciones Unidas, aproximadamente 303 millones de personas en edad de ir al instituto.

Cerca de 18 millones vivían en Estados Unidos.

Unas 270.000 vivían en el estado de Washington.

Un poco más de 100.000 vivían en la zona de Seattle.

Y solo unas 300 iban al Lakeside.

De 303 millones a 300 personas.

Uno entre un millón de alumnos de instituto fue a un colegio que tuvo la combinación de dinero y previsión para comprar un ordenador. Bill Gates resultó ser uno de ellos.

Gates no rehúye lo que eso significó. «Sin el Lakeside, no habría existido Microsoft», dijo ante la promoción de 2005.

Gates es un tipo asombrosamente listo, pero es aún más trabajador, y de adolescente tuvo una visión sobre el futuro de los ordenadores que incluso los ejecutivos del sector informático más veteranos no pudieron comprender. Y tuvo también una ventaja de uno entre un millón por ir al instituto Lakeside.

Ahora déjame que te hable de Kent Evans, un amigo de Gates. Él experimentó una dosis igualmente potente del hermano de la suerte, el riesgo.

Bill Gates y Paul Allen se hicieron famosos gracias al éxito de Microsoft. Pero, cuando iban al Lakeside, esa pandilla de prodigios de los ordenadores tenía un tercer miembro.

Kent Evans y Bill Gates trabaron amistad en la secundaria, cuando tenían unos catorce años. Evans era, según cuenta Gates, el mejor alumno de la clase.

Los dos hablaban «un montón por teléfono», recuerda Gates en el documental *Inside Bill's Brain* [Dentro el cerebro de Bill]. «Todavía me acuerdo del teléfono de Kent —asegura—: 525-7851.»

Evans tenía la misma habilidad con los ordenadores que Gates y Allen. Anteriormente, el Lakeside dedicaba muchos esfuerzos a organizar manualmente el horario de las aulas, un laberinto de complejidad para lograr que cientos de alumnos dispusieran de las aulas que necesitaban a una hora en la que no se solaparan con otras asignaturas. El colegio encargó a Bill y Kent —un par de chavales, se mire como se mire— que crearan un programa informático que resolviera el problema. Y funcionó.

Además, a diferencia de Paul Allen, Kent compartía la mentalidad empresarial y la ambición infinita de Gates. «Kent siempre llevaba un gran maletín, como los de los abogados —recuerda Gates—. Siempre estábamos tramando lo que estaríamos haciendo dentro de cinco o seis años. ¿Seríamos directores ejecutivos? ¿Qué nivel de repercusión podía tener lo que hiciéramos? ¿Íbamos a ser generales? ¿Embajadores?» Fuera lo que fuese, Bill y Kent sabían que lo iban a hacer juntos.

Tras rememorar su amistad con Kent, a Gates se le entrecorta la voz.

«Habríamos seguido trabajando juntos. Estoy seguro de que habríamos ido juntos a la universidad.» Kent podría haber sido un socio fundador de Microsoft junto con Gates y Allen.

Pero eso nunca ocurriría. Kent murió en un accidente de montaña antes de terminar la secundaria.

Todos los años hay unas treinta y cinco muertes por accidentes de montaña en Estados Unidos.[9] La probabilidad de morir en una montaña durante la secundaria es aproximadamente de uno entre un millón.

Bill Gates tuvo una suerte de uno entre un millón de ir a parar al Lakeside. Kent Evans experimentó el riesgo de uno entre un millón de no llegar a terminar nunca lo que él y Gates pensaban lograr. La misma fuerza, la misma magnitud, pero operando en sentidos opuestos.

Suerte y riesgo son la realidad de que en la vida cualquier resultado está determinado por fuerzas ajenas al esfuerzo individual. Son tan parecidos que no puedes creer en uno sin respetar en el mismo grado al otro. Ambas cosas ocurren porque el mundo es demasiado complejo para permitir que el 100 % de tus acciones dicte el 100 % de tus resultados. Están motivadas por lo mismo: tú eres una persona que está dentro de un juego con siete mil millones de personas más y un número infinito de elementos en movimiento. El efecto accidental de las acciones que están fuera de tu control puede acarrear más consecuencias que las acciones que has llevado a cabo a conciencia.

No obstante, ambos elementos son tan difíciles de medir y de aceptar que con demasiada frecuencia se pasan por alto. Por cada Bill Gates hay un Kent Evans que tenía la misma capacidad y motivación, pero que terminó en el otro lado de la ruleta de la vida.

Si les das a la suerte y al riesgo el respeto que merecen, te das cuenta de que, al juzgar el éxito financiero de la gente —tanto el tuyo como el de los demás—, este nunca es ni tan bueno ni tan malo como parece.

Hace años, le pregunté al economista Robert Shiller, que obtuvo el Premio Nobel de Economía: «¿Qué le gustaría saber sobre inversión que no pueda saber?».

«El rol exacto de la suerte en los resultados exitosos», respondió.

Me encantó esa respuesta, porque de hecho nadie piensa que la suerte tenga importancia en el éxito financiero. Pero, puesto que es difícil cuantificar la suerte y es de mala educación decir que el éxito de la gente es debido a la suerte, la postura por defecto es, a menudo, ignorar implícitamente la suerte como un factor del éxito.

Si yo digo: «Hay 1.000 millones de inversores en el mundo. Por pura casualidad, ¿esperarías que diez de ellos se convirtieran en multimillonarios más que nada por suerte?». Tú responderás: «Por supuesto». Pero luego, si te pido que nombres a esos inversores, y que se lo digas a la cara, probablemente te retractarás.

Al juzgar a los demás, atribuir el éxito a la suerte hace que parezcamos celosos y malvados, aunque sepamos que existe. Y, al juzgarnos a nosotros mismos, atribuir el éxito a la suerte puede ser demasiado desmoralizador para aceptarlo.

El economista Bhashkar Mazumder ha demostrado que, entre los hermanos, los ingresos están más correlacionados que la altura o el peso. Si eres rico y alto, es más probable que tu hermano sea rico que alto. Creo que la mayoría de nosotros sabemos intuitivamente que eso es cierto: la calidad de tu educación y las puertas que te abre están muy relacionadas con el estatus socioeconómico de tus padres. Pero tráeme a dos hermanos ricos y tendremos delante a dos hombres que no creen que en su caso sean válidos los resultados de ese estudio.

Y con el fracaso, que puede ser desde la bancarrota hasta el hecho de no alcanzar una meta personal, ocurre lo mismo.

¿Las empresas que fracasaron no se esforzaron lo suficiente? ¿Las malas inversiones no se meditaron lo bastante? ¿Las carreras descarriadas hicieron aguas por pereza? A veces, sí. Desde luego.

Pero ¿hasta qué punto? Cuesta saberlo. Cualquier cosa que merezca llevarse a cabo tiene menos de un 100 % de probabilidad de resultar un éxito, y el riesgo es sencillamente lo que pasa cuando uno termina en el lado desafortunado de la ecuación. Al igual que con la suerte, es demasiado complicado, demasiado embrollado y demasiado complejo intentar sacar en claro en qué medida un resultado se debió a una decisión consciente que se impuso al riesgo.

Pongamos que compro una acción y que, pasados cinco años, no me ha reportado ningún beneficio. Es posible que tomase una mala decisión al comprarla. Sin embargo, también es posible que tomara una buena decisión que tenía un 80 % de probabilidad de reportarme beneficios, pero que resultó que acabó en el lado del 20 % de mala suerte. ¿Cómo sé si es lo uno o lo otro? ¿Me equivoqué o sencillamente experimenté la realidad del riesgo?

Es posible calcular de forma estadística si algunas decisiones fueron acertadas. Pero en el mundo real, en el día a día, simplemente no lo hacemos. Es demasiado complicado. Preferimos antes historias sencillas, que son fáciles pero a menudo terriblemente engañosas.

Tras pasar años entre inversores y empresarios, me he dado cuenta de que el fracaso de los demás suele atribuirse a malas decisiones, mientras que nuestros propios fracasos solemos achacarlos al lado oscuro del riesgo. Al juzgar tus fracasos, yo probablemente preferiré una historia sencilla y clara de causa y efecto, porque no sé qué pasa por tu cabeza. «Obtuviste un mal resultado, así que tuvo que ser debido a una mala decisión que tomaste» es la historia que tiene más sentido para mí. En cambio, al juzgarme a mí mismo, puedo inventar un relato descabellado que justifique mis decisiones pasadas y atribuir los malos resultados al riesgo.

La portada de la revista *Forbes* no homenajea a los malos inversores que tomaron buenas decisiones pero que casualmente experimentaron el lado desafortunado del riesgo. No obstante, casi con toda seguridad homenajea a inversores ricos que tomaron decisiones aceptables o incluso imprudentes y resultaron tener suerte. Unos y otros echaron la misma moneda al aire, pero resultó caer del lado opuesto en cada caso.

La parte peligrosa de esto es que todos intentamos sacar conclusiones sobre lo que funciona y lo que no al gestionar el dinero.

¿Qué estrategias de inversión funcionan? ¿Cuáles no?

¿Qué estrategias empresariales funcionan? ¿Cuáles no?

¿Cómo se hace uno rico? ¿Cómo se evita ser pobre?

Tendemos a buscar esas lecciones observando éxitos y fracasos y diciendo: «Haz lo que hizo tal mujer, evita lo que hizo tal hombre».

Si tuviéramos una varita mágica, descubriríamos exactamente qué porcentaje de esos resultados fue debido a acciones que son repetibles, frente a la importancia que tuvieron el riesgo aleatorio y la suerte para decantar esas acciones hacia un lado u otro. Pero no tenemos esa varita mágica. Tenemos cerebros que prefieren respuestas fáciles y que no están muy ávidos de matices. Por tanto, identificar los rasgos que deberíamos imitar o evitar puede ser angustiosamente difícil.

Déjame que ahora te cuente otra historia de alguien que, como Bill Gates, tuvo un éxito desbordante, pero que es difícil de atribuir a la suerte o a sus habilidades.

———————

Cornelius Vanderbilt acababa de terminar una serie de negocios con el fin de expandir su imperio ferroviario.

Entonces uno de sus asesores empresariales se le acercó para decirle que todas las transacciones que había hecho infringían la ley.

«Por Dios, John —le dijo Vanderbilt—, no pensarías que uno puede construir un ferrocarril cumpliendo los estatutos del estado de Nueva York, ¿verdad?»[10]

Lo primero que se me ocurrió al leer esto fue: «Esta es la actitud por la que Vanderbilt tuvo tanto éxito». Las leyes no contemplaban las líneas de ferrocarril en tiempos de Vanderbilt. Así que él dijo: «¡Y a mí qué me importa!», y siguió adelante de todas formas.

Vanderbilt tuvo un gran éxito. Así que es tentador ver sus infracciones, que fueron célebres y vitales para su éxito, como una sabia decisión. ¡Ese visionario luchador no dejó que nada se interpusiera en su camino!

Sin embargo, ¿hasta qué punto es peligroso este análisis? Nadie en su sano juicio recomendaría cometer delitos flagrantes como un rasgo de emprendimiento. Es fácil imaginar que la historia de Vanderbilt podría haber terminado de una forma muy distinta: como un criminal cuya joven empresa se fue al garete por orden judicial.

Así que ahí tenemos un problema.

Podemos elogiar a Vanderbilt por infringir la ley con la misma pasión con la que criticamos a Enron por hacer lo mismo. Tal vez uno tuvo suerte al eludir el peso de la ley, mientras que el otro terminó en el lado del riesgo.

Un caso parecido es el de John D. Rockefeller. Sus frecuentes infracciones legales —una vez un juez dijo que su empresa «no era mejor que un ladrón común»— a menudo son presentadas por los historiadores como astutas tretas empresariales. Tal vez lo fueran. Pero ¿cuándo el relato pasa de «No dejaste que unas leyes obsoletas se interpusieran en el camino de la innovación» a «Cometiste un delito»? O ¿cuán poco tendría que cambiar la historia para que el relato pasara de «Rockefeller fue un genio, intentad aprender de sus éxitos» a «Rockefeller fue un delincuente, intentad aprender de sus fracasos empresariales»? Muy poco.

«¿Y a mí qué me importa la ley? —dijo una vez Vanderbilt—. ¿Acaso no tengo yo el poder?»

Lo tenía, y le salió bien. Pero no es difícil imaginar que esas pudieran ser las últimas palabras de una historia con un resultado muy distinto. La línea entre la audacia y la temeridad puede ser muy fina. Cuando no tenemos en cuenta la importancia que merecen el riesgo y la suerte, a menudo esa línea es invisible.

Benjamin Graham es conocido por ser uno de los mejores inversores de todos los tiempos, el padre de la inversión en valor y el primer mentor de Warren Buffett. Pero la mayor parte del éxito de Benjamin Graham invirtiendo fue debido a una porción enorme de acciones de GEICO que, como él mismo admitía, rompieron casi cualquiera de las normas de diversificación que el mismo Graham expuso en sus famosos textos. ¿Dónde está en este caso la fina línea entre la audacia y la temeridad? Yo no lo sé. Graham dijo esto sobre su éxito con GEICO: «Un golpe de suerte o una decisión de una inteligencia sublime: ¿podemos decir de qué se trató?». No es nada fácil.

De forma parecida, pensamos que Mark Zuckerberg es un genio por haber rechazado en 2006 una oferta de Yahoo! de 1.000 millones de dólares para comprarle su empresa. Zuckerberg tuvo visión de futuro y se mantuvo en sus trece. Pero, con igual pasión, la gente critica a Yahoo! por haber rechazado la oferta de compra que les presentó Microsoft: ¡esos locos deberían haber cogido el dinero mientras podían! ¿Cuál es la lección que pueden sacar de ello los emprendedores? Pues no tengo ni idea, porque es muy difícil distinguir los efectos del riesgo y la suerte.

Y de eso hay muchos ejemplos.

Un sinfín de fortunas (y de fracasos) deben sus resultados al apalancamiento.

Los mejores (y los peores) directivos instan a sus empleados a trabajar lo más duro que puedan.

«El cliente siempre tiene razón» y «Los clientes no saben lo que quieren» son dos lemas empresariales habituales.

La línea entre «inspiradoramente audaz» y «locamente temerario» puede ser de un milímetro y puede verse solo a toro pasado.

El riesgo y la suerte son dos caras de la misma moneda.

Este no es un problema fácil de resolver. La dificultad de identificar qué es suerte, qué es habilidad y qué es riesgo es uno de los mayores problemas a los que nos enfrentamos al intentar aprender la mejor manera de gestionar el dinero.

Pero hay dos cosas que pueden llevarte en una mejor dirección.

Cuidado con a quién ensalzas y admiras. Cuidado con a quién menosprecias y en quién deseas no convertirte.

O ve con cuidado al asumir que el 100 % de los resultados pueden atribuirse al esfuerzo y a las decisiones. Cuando nació mi hijo, le escribí una carta que decía, entre otras cosas:

> Algunas personas nacen en familias que las animan a estudiar; otras familias hacen lo contrario. Algunas nacen en economías prósperas que fomentan el emprendimiento; otras nacen en países en guerra y con pobreza. Yo quiero que tengas éxito, y quiero que te lo ganes. Pero date cuenta de que no todo el éxito se debe al trabajo duro, y no toda la pobreza se debe a la pereza. Recuerda esto cuando juzgues a los demás y cuando te juzgues a ti mismo.

Por tanto, ten menos en cuenta a personas concretas y estudios de caso y fíjate más en patrones generales.

Estudiar a una persona concreta puede ser peligroso porque tendemos a estudiar ejemplos extremos —los multimillonarios, los directores ejecutivos o los grandes fracasos que predominan en las noticias—, y los ejemplos extremos a menudo son los menos aplicables a otras situaciones debido a su complejidad. Cuanto más extremo sea el resultado, menos probable es que puedas aplicar sus lecciones a tu vida, porque es más probable que dicho resultado estuviera influenciado por situaciones extremas de suerte o riesgo.

Podrás obtener lecciones aprovechables, no obstante, fijándote en patrones generales de éxito y fracaso. Cuanto más común sea el patrón, más aplicable puede ser para tu vida. Intentar emular el éxito de Warren Buffett invirtiendo es difícil, porque sus resultados son tan extremos que la importancia de la suerte en los logros de su vida es alta, muy probablemente, y la suerte no es algo que pueda uno imitar de manera fiable. Pero darse cuenta, como veremos en el capítulo 7, de que la gente que tiene control sobre su tiempo tiende a ser más feliz es una observación lo bastante general y común para que puedas aprovecharla.

Mi historiador favorito, Frederick Lewis Allen, dedicó su carrera a retratar la vida del estadounidense medio: cómo vivía, cómo cambiaba, de qué trabajaba, qué cenaba, etc. Se pueden sacar más lecciones relevantes de ese tipo de observación que de estudiar a los personajes extremos que suelen predominar en las noticias.

———————

Bill Gates dijo una vez: «El éxito es un mal profesor. Seduce a personas inteligentes y logra que piensen que no pueden perder».

Cuando las cosas van extremadamente bien, date cuenta de que la situación no es tan buena como piensas. No eres invencible y, si admites que tu éxito fue en parte cuestión de suerte, entonces tienes que creer en el primo de la suerte, el riesgo, que puede darle la vuelta a tu historia en un santiamén.

Pero lo mismo puede ocurrir en sentido opuesto.

El fracaso también puede ser un mal profesor, porque seduce a personas inteligentes para que piensen que sus decisiones fueron nefastas cuando a veces solamente reflejan la implacable realidad del riesgo. El truco, al gestionar el fracaso, está en construir tu vida financiera de tal forma que una inversión audaz o un objetivo financiero no conseguido no te arruinen, para que puedas seguir jugando hasta que la suerte caiga de tu lado.

Sin embargo, otra cosa más importante que esa es que, del mismo modo que reconocemos la importancia de la suerte en el éxito, la importancia del riesgo significa que debemos perdonarnos a nosotros mismos y dejarnos margen para ser comprensivos al juzgar fracasos.

Nada es ni tan bueno ni tan malo como parece.

Y ahora echemos un vistazo a las historias de dos hombres que tentaron a la suerte.

3.

No tener nunca suficiente

Cuando los ricos hacen locuras.

John Bogle, el fundador de The Vanguard Group que falleció en 2019, una vez contó una historia sobre el dinero que subraya algo en lo que no pensamos suficientemente:

> En una fiesta que daba un multimillonario en Shelter Island, Kurt Vonnegut informa a su amigo Joseph Heller de que su anfitrión, un gestor de fondos de inversión libre, ha ganado más dinero en un solo día de lo que Heller había obtenido en total gracias a su novela *Catch-22*, que había tenido una popularidad espectacular. Heller responde: «Sí, pero yo tengo algo que él nunca tendrá... Yo tengo suficiente».
>
> «Suficiente.» Quedé asombrado por la simple elocuencia de aquella palabra. Asombrado por dos razones: primero, porque me han dado muchas cosas en la vida y, segundo, porque Joseph Heller no habría podido ser más preciso.
>
> Para cierta parte de nuestra sociedad, que incluye a muchas de las personas más ricas y poderosas que hay entre nosotros, parece que hoy en día no existe límite alguno a lo que significa «suficiente».

Estas palabras son muy inteligentes. Y muy poderosas.

Déjame que te presente dos ejemplos de los peligros de no ver que ya tienes suficiente y lo que estos nos pueden enseñar.

Rajat Gupta nació en Calcuta y quedó huérfano de adolescente. A veces se suele hablar de los pocos privilegiados que empiezan la vida en la tercera base. Pues Gupta ni siquiera veía el estadio de béisbol.

Lo que acabó logrando partiendo de esos comienzos fue sencillamente magnífico.

Con cuarenta y seis años era director ejecutivo de McKinsey, la consultoría más prestigiosa del mundo. Se jubiló en 2007 para ejercer cargos en las Naciones Unidas y en el Foro Económico Mundial. Colaboró con Bill Gates en obras de filantropía. Desde los suburbios de Calcuta, Gupta se había convertido de forma casi literal en el empresario vivo de más éxito a la sazón.

Su éxito vino acompañado de una riqueza enorme. En 2008 Gupta tenía supuestamente un patrimonio de 100 millones de dólares.[11] Para la mayoría de la gente esa es una cantidad de dinero inimaginable. Una rentabilidad anual de un 5 % sobre esa suma genera casi 600 dólares por hora las veinticuatro horas del día.

Gupta podría haber hecho lo que quisiera en la vida.

Y lo que quería, según dicen, no era ser un mero «centimillonario». Rajat Gupta quería ser multimillonario. Y lo quería desesperadamente.

Gupta formaba parte del consejo de administración de Goldman Sachs, con lo cual estaba rodeado de algunos de los inversores más ricos del mundo. Un inversor, refiriéndose a los ingresos de los magnates del capital privado, describía a Gupta así: «Creo que quiere estar en ese círculo. Ese es un círculo de multimillonarios, ¿verdad? Goldman Sachs es como el círculo de los cientos de millones, ¿no?».[12]

Exacto. Así que Gupta encontró un trabajo extra lucrativo. En 2008, cuando Goldman Sachs experimentó la cólera de la crisis financiera, Warren Buffett planeó invertir 5.000 millones de dólares en el banco para ayudarlo a sobrevivir. Por ser miembro del consejo de administración, Gupta se enteró de esa transacción antes que la opinión pública. Era una información valiosa. La supervivencia de Goldman Sachs estaba en cuestión y el apoyo de Buffett sin duda haría subir sus acciones.

Dieciséis segundos después de enterarse de la inminente transacción, Gupta, que estaba siguiendo por teléfono la reunión del consejo de administración, colgó el aparato y llamó a un gestor de fondos de inversión libre llamado Raj Rajaratnam. La llamada no fue grabada, pero Rajaratnam compró inmediatamente 175.000 acciones de Goldman Sachs, así que ya te puedes imaginar de lo que hablaron. El acuerdo Buffett-Goldman se dio a conocer horas después. Las acciones de Goldman se dispararon. Rajaratnam ganó en poco tiempo un millón de dólares.

Ese fue solo un ejemplo de una presunta tendencia. La Comisión de Bolsa y Valores de Estados Unidos (SEC, por sus siglas en inglés) sostiene que la información filtrada por Gupta reportó 17 millones de dólares de beneficios.

Fue dinero fácil. Y para los fiscales, fue un caso todavía más fácil.

Gupta y Rajaratnam terminaron en prisión por tráfico de información privilegiada, y su carrera y reputación quedaron arruinadas permanentemente.

Hablemos ahora de Bernie Madoff. Su delito es bien conocido. Madoff es el autor más célebre de una estafa de Ponzi (estafa piramidal) desde el mismo Carlo Ponzi. Madoff estafó a inversores durante dos décadas hasta que salió a la luz su delito. Irónicamente, solo semanas después del intento de Gupta.

Lo que se suele omitir es que Madoff, al igual que Gupta, era algo más que un estafador. Antes del esquema de Ponzi que lo hizo famoso, Madoff era un empresario con toda legitimidad y con un éxito espectacular.

Madoff era un creador de mercado, alguien que pone en contacto a compradores y a vendedores de acciones. Y se le daba muy bien. Así es como describía el *Wall Street Journal* las capacidades de la empresa de Madoff en 1992:

> Ha creado una compañía de inversión muy rentable, Bernard L. Madoff Investment Securities, que extrae un volumen enorme de compraventa de acciones de la bolsa de Nueva York. El volumen medio diario de operaciones —740 millones de dólares— ejecutado electrónicamente por la empresa de Madoff en el parqué equivale al 9 % de la bolsa neoyorquina. La empresa de Madoff puede ejecutar operaciones con tanta rapidez y a un precio tan barato que de hecho paga a otras empresas de corretaje un penique por acción para que ejecuten los pedidos de sus clientes, con lo cual saca provecho del diferencial entre los precios de oferta y demanda a los que cotizan la mayoría de las acciones.

Estas no son las palabras de un periodista que describe de forma imprecisa un fraude que aún está por destapar; los negocios de creación de mercado de Madoff eran legales. Un exempleado dijo que la sección de creación de mercado de la empresa de Madoff cosechaba entre 25 y 50 millones de dólares al año.

Los negocios legítimos y no fraudulentos de Bernie Madoff fueron, se mire como se mire, un éxito enorme. Lo hicieron enormemente, y legítimamente, rico.

Y, aun así, ahí está el fraude.

La pregunta que deberíamos hacerles a Gupta y a Madoff es por qué alguien con un patrimonio de cientos de millones de dólares puede llegar a desear tan desesperadamente tener más dinero hasta el extremo de arriesgarlo todo en pos de conseguir aún más.

Los delitos cometidos por alguien que está al límite de la supervivencia son una cosa. Un estafador nigeriano dijo una vez al *New York Times* que se sentía culpable por haber perjudicado a otras personas, pero que «la pobreza hace que no te sientas mal».[13]

Lo que hicieron Gupta y Madoff es otra cosa. Ellos ya lo tenían todo: una riqueza, un prestigio, un poder y una libertad inimaginables. Y lo echaron todo a perder porque quisieron más.

No supieron ver que ya tenían *suficiente*.

Ellos son ejemplos extremos. Pero hay versiones de ese comportamiento que no llegan a la delincuencia.

El fondo de inversión libre Long-Term Capital Management tenía en su plantilla a operadores comerciales con un patrimonio de decenas y cientos de millones de dólares, quienes tenían la mayor parte de su dinero invertido en sus propios fondos. Entonces, deseosos de conseguir más, asumieron tanto riesgo que lograron perderlo todo: en 1998, en medio del mayor mercado alcista y la economía más próspera de la historia. Posteriormente, Warren Buffett lo expresó así:

> Para ganar un dinero que no tenían y que no necesitaban, arriesgaron lo que sí tenían y necesitaban. Y eso es una locura. Es una verdadera locura. Arriesgar algo que es importante para ti por algo que no lo es no tiene ningún sentido.

No hay motivo alguno para arriesgar lo que tienes y necesitas por algo que no tienes ni necesitas.

Esta es una de esas cosas que, por muy obvia que sea, suele olvidarse.

Pocos de nosotros llegaremos a tener nunca 100 millones de dólares, como Gupta o Madoff. Pero un porcentaje significativo de quienes lean este libro van a tener, en algún momento de su vida, un salario o una cantidad de dinero suficiente para satisfacer toda necesidad razonable y para comprar muchas de las cosas que querrán.

Si eres uno de ellos, no olvides algunas cosas.

1. La habilidad financiera más difícil es conseguir que la meta deje de moverse.

Pero es una de las más importantes. Si las expectativas aumentan con los resultados, no tiene lógica aspirar a más porque sentirás lo mismo tras echarle más esfuerzo. Eso es peligroso cuando el prurito de tener más —más dinero, más poder, más prestigio— hace aumentar la ambición más deprisa que la satisfacción. En ese caso, un paso adelante hace avanzar la meta dos pasos. Tienes la sensación de que te estás quedando atrás, y la única forma de recuperar terreno es asumir más y más riesgo.

El capitalismo contemporáneo hace dos cosas de maravilla: generar riqueza y generar envidia. Tal vez vayan de la mano; querer superar a quienes te rodean puede ser un acicate para trabajar duro. Pero la vida no es agradable sin ser consciente de que ya tienes *suficiente*. La felicidad, como suele decirse, no es más que resultados menos expectativas.

2. El problema es la comparación social.

Piensa en un jugador de béisbol novato que gana 500.000 dólares al año. Es, según cualquier definición, rico. Pero pongamos que juega en el mismo equipo que Mike Trout, que tiene un contrato de 430 millones de dólares a doce años. En comparación, el novato está sin blanca. Pero ahora fijémonos en Mike

Trout. 36 millones de dólares al año es una cantidad increíble de dinero. Pero para entrar en la lista de los diez gestores de fondos de inversión libre mejor pagados en 2018 tenías que ganar al menos 340 millones de dólares en un año.[14] Esas son las personas con quienes Trout y compañía podrían comparar sus ingresos. Y el gestor de fondos que gana 340 millones al año se compara con el *top* cinco de gestores de fondos de inversión libre, que en 2018 ganaban por lo menos 770 millones de dólares. Esos gestores *top* pueden fijarse en personas como Warren Buffett, cuya fortuna personal aumentó en 3.500 millones de dólares en 2018. Y alguien como Buffett podría fijarse en Jeff Bezos, cuyo patrimonio neto aumentó en 24.000 millones de dólares ese mismo año: una cantidad que equivale a más dinero por hora de lo que aquel «rico» jugador de béisbol ganaba en todo un año.

La conclusión es que el techo de la comparación social es tan alto que en la práctica nadie lo alcanzará jamás. Lo que significa que es una batalla que nunca se puede ganar, o que la única forma de ganarla es no librarla ya de entrada: aceptar que puedes tener suficiente, incluso si eso es menos de lo que tiene la gente a tu alrededor.

Un amigo mío hace una peregrinación anual a Las Vegas. Un año le preguntó a un crupier: «¿A qué juegos juegas tú? Y ¿en qué casinos apuestas?». El crupier, con fría seriedad, le respondió: «La única forma de ganar en Las Vegas es salir nada más entrar».

Exactamente así es como funciona también el juego de intentar alcanzar el nivel de riqueza de los demás.

3. «Suficiente» no significa demasiado poco.

La idea de tener «suficiente» puede parecer conservadora, ya que deja sobre la mesa oportunidades y potencial.

Pues no creo que eso sea cierto.

«Suficiente» significa darse cuenta de que lo contrario —un deseo insaciable de tener más— te llevará hasta un punto en el que te vas a arrepentir.

La única forma de saber cuánto puedes comer es comer hasta que te siente mal. Poca gente lo intenta porque vomitar duele más de lo apetecible que pueda ser cualquier comida. Por alguna razón, la misma lógica no se traduce a los negocios y las inversiones, y son muchos los que no dejan de aspirar a más hasta que quiebran y se ven forzados a hacerlo. Esto puede ser algo tan inocente como acabar agotado en el trabajo o hacer una inversión arriesgada que no puedes mantener. En el otro extremo están los Rajats Gupta y los Bernies Madoff del mundo, que recurren a la delincuencia porque quieren todos los dólares posibles sin importarles las consecuencias.

4. Hay muchas cosas por las que nunca merece la pena arriesgarse, independientemente de las ganancias potenciales.

Tras salir de la cárcel, Rajat Gupta dijo al *New York Times* que había aprendido la lección:

> No sientas demasiado apego por nada: ni tu reputación, ni tus logros ni nada por el estilo. Ahora me doy cuenta: ¿qué importancia tiene? Vale, eso destruyó injustamente mi reputación. Pero solo supone un problema si estoy muy apegado a mi reputación.

Esta parece la peor moraleja posible de su experiencia, y me imagino que es la reconfortante autojustificación de un hombre que quiere recuperar desesperadamente su reputación, pero que sabe que no volverá.

La reputación no tiene precio.

La libertad y la independencia no tienen precio.

La familia y los amigos no tienen precio.

Que te quieran las personas que quieres que te quieran no tiene precio.

La felicidad no tiene precio.

Y lo mejor que puedes hacer para conservar esas cosas es saber cuándo hay que dejar de asumir riesgos que podrían perjudicarlas. Saber cuándo tienes *suficiente*.

La buena noticia es que la herramienta más poderosa para construir ese *suficiente* es extraordinariamente sencilla y no requiere asumir riesgos que podrían perjudicar cualquiera de esas cosas. Y de eso trata el siguiente capítulo.

4.
La confusión del interés compuesto

Warren Buffett consiguió 81.500 millones de los 84.500 millones de dólares de su patrimonio neto después de cumplir los sesenta y cinco años. Nuestra mente no está hecha para tales disparates.

LAS LECCIONES DE un ámbito a menudo nos enseñan cosas importantes sobre ámbitos que no están relacionados. Pensemos en los miles de millones de años de historia de las glaciaciones y lo que nos enseñan sobre cómo cultivar nuestra fortuna.

Nuestro conocimiento científico de la Tierra es más joven de lo que podríamos pensar. Comprender cómo funciona el mundo a menudo implica perforar a gran profundidad bajo su superficie, algo que no fuimos capaces de hacer hasta hace muy poco. Isaac Newton calculó el movimiento de las estrellas cientos de años antes de que entendiéramos algunas de las cosas más básicas de nuestro planeta.

No fue hasta el siglo XIX cuando los científicos consensuaron que la Tierra había estado cubierta de hielo en múltiples ocasiones.[15] Había demasiadas pruebas para negarlo. Por todo el planeta había huellas de un mundo previamente helado: enormes peñascos esparcidos en ubicaciones aleatorias; capas de rocas amontonadas en finos estratos. Las evidencias dejaron claro que no había tenido lugar solo una era glacial, sino cinco periodos de glaciación distintos que podíamos medir.

La cantidad de energía necesaria para congelar el planeta, derretirlo de nuevo y volver a congelarlo es impactante. ¿Qué demonios podía estar detrás de aquellos ciclos? Aquella tenía que ser la fuerza más poderosa de nuestro planeta.

Y lo era. Pero no de la forma que nadie esperaba.

Había muchas teorías sobre por qué se producían periodos de glaciación. Para dar cuenta de su enorme influencia geológica, las teorías eran igual de grandilocuentes. Se creía que el levantamiento de cordilleras montañosas podía haber alterado los vientos de la Tierra lo bastante para modificar el clima. Otros científicos preferían la idea de que el hielo era el estado natural, interrumpido por erupciones volcánicas inmensas que nos calentaban.

Sin embargo, ninguna de esas teorías era capaz de explicar el ciclo de las eras glaciales. El crecimiento de cordilleras o algunos volcanes inmensos pueden justificar una glaciación. Pero no la repetición cíclica de cinco.

A principios del siglo XX, un científico serbio llamado Milutin Milanković estudió la posición de la Tierra en relación con los demás planetas y se le ocurrió la teoría de las glaciaciones que ahora sabemos que es precisa: la atracción gravitatoria del Sol y la Luna afecta levemente al movimiento de la Tierra e inclina nuestro planeta hacia el Sol. Durante partes de este ciclo, que puede durar decenas de miles de años, cada uno de los hemisferios terrestres recibe un poco más, o un poco menos, de radiación solar de lo habitual.

Y aquí empieza la diversión.

La teoría de Milanković inicialmente suponía que una inclinación de los hemisferios de la Tierra causaba inviernos lo suficientemente fríos como para convertir el planeta en hielo. Pero el meteorólogo ruso Vladímir Köppen ahondó más en el trabajo de Milanković y descubrió un matiz fascinante.

Los veranos moderadamente fríos, y no los inviernos fríos, eran los gélidos culpables.

Todo empieza cuando un verano no es lo bastante cálido para derretir la nieve del invierno anterior. La base de hielo que permanece facilita que la nieve se acumule el invierno siguiente, lo que hace aumentar la probabilidad de que la nieve se conserve el verano próximo, lo cual propicia una acumulación aún mayor el invierno siguiente. La nieve perpetua refleja una mayor cantidad de rayos de sol, lo cual potencia el enfriamiento, lo que provoca una mayor precipitación de nieve, etc. En unos pocos cientos de años, la nieve estacional se convierte en una capa de hielo continental, y ya la tenemos armada.

Lo mismo ocurre a la inversa. Una inclinación orbital que propicia que haya más luz solar derrite una parte mayor de la nieve invernal, lo que refleja menos luz en los siguientes años, lo que hace aumentar las temperaturas, lo cual impide que caiga más nieve al año siguiente, etc. Este es el ciclo.

Lo asombroso del caso son las dimensiones que puede alcanzar dicho proceso como consecuencia de un cambio relativamente pequeño en las condiciones. Empiezas con una fina capa de nieve que ha quedado de un verano frío en la que nadie se fijaría y luego, en un suspiro geológico, la Tierra entera está cubierta de una capa de hielo de kilómetros de grosor. Como dijo la experta en glaciaciones Gwen Schultz: «No es necesariamente la cantidad de nieve lo que da como resultado que se formen capas de nieve, sino el hecho de que la nieve, por pequeña que sea la cantidad, permanece».

La gran moraleja de las glaciaciones es que no hace falta una fuerza tremenda para producir unos resultados tremendos.

Si algo se acumula, si un pequeño crecimiento sirve como base para el crecimiento futuro, una pequeña base inicial puede llevar a resultados tan extraordinarios que parecen desafiar la lógica. Puede ser tan aparentemente ilógico que infravaloremos lo que es posible, de dónde proviene el crecimiento y a qué puede conducir.

Y eso mismo ocurre con el dinero.

Existen más de 2.000 libros dedicados a cómo Warren Buffett creó su fortuna. Muchos son maravillosos. Pero pocos prestan suficiente atención al hecho más simple de todos: la fortuna de Buffett no se debe a ser simplemente un buen inversor, sino a haber sido un buen inversor desde que era, literalmente, un crío.

En el momento de escribir esto, el patrimonio neto de Warren Buffett asciende a los 84.500 millones de dólares. De ese dinero, 84.200 millones los obtuvo después de cumplir cincuenta años. Y 81.500 millones llegaron a partir del momento en que pudo acceder a la Seguridad Social, a mitad de la sesentena.

Warren Buffet es un inversor espectacular. Pero quien vincule todo su éxito a su perspicacia en materia de inversiones olvida un punto clave. La verdadera clave de su éxito es que ha sido un inversor espectacular durante tres cuartos de siglo. Si hubiera empezado a invertir en la treintena y se hubiese jubilado en la sesentena, poca gente habría oído hablar de él.

Hagamos un pequeño experimento mental.

Buffett empezó a invertir en serio cuando tenía diez años. Cuando tenía treinta, poseía un patrimonio neto de un millón de dólares, 9,3 millones ajustándolo a la inflación.[16]

Pero ¿y si hubiera sido una persona más normal y hubiese pasado la adolescencia y la veintena explorando el mundo y encontrando su pasión, y para la treintena su patrimonio neto fuera, pongamos, de 25.000 dólares?

Y pongamos, además, que a pesar de eso siguiera ganando la extraordinaria rentabilidad anual que ha sido capaz de generar (un 22 % anual), pero hubiese dejado de invertir y se hubiese jubilado a los sesenta años para jugar al golf y pasar tiempo con sus nietos.

¿Cuál sería una estimación aproximada de su patrimonio neto actual?

No sería de 84.500 millones de dólares.

Tendría 11,9 *millones*.

Un 99,9 % menos que su patrimonio neto actual.

Efectivamente, todo el éxito financiero de Warren Buffett puede vincularse a la base financiera que construyó en su adolescencia y a la persistencia que mantuvo hasta la vejez.

Es hábil invirtiendo, pero su secreto es el tiempo.

Así es como funciona el interés compuesto.

Piénsalo desde otro punto de vista. Buffett es el inversor más rico de todos los tiempos. Pero en realidad no es el mejor: al menos no cuando lo evaluamos basándonos en la rentabilidad media anual.

Jim Simons, jefe del fondo de inversión libre Renaissance Technologies, ha logrado una rentabilidad de un 66 % sobre su dinero todos los años desde 1988. No hay nadie que ni siquiera se acerque a ese récord. Como hemos visto, Buffett ha conseguido una rentabilidad de cerca de un 22 % anual, una tercera parte de lo que ha logrado Simons.

El patrimonio neto de Simons es, cuando escribo esto, de 21.000 millones de dólares. Es, y sé lo ridículo que suena esto atendiendo a las cifras que estamos manejando, un 75 % menos rico que Buffett.

¿A qué se debe la diferencia, si Simons es un inversor tres veces mejor? Pues a que Simons no encontró su ritmo de inversión hasta que tuvo cincuenta años. Ha tenido menos de la mitad de años que Buffett para acrecentar su patrimonio. Si James

Simons hubiera obtenido su 66 % anual durante el periodo de setenta años durante el cual Buffett ha conformado su patrimonio, tendría en su haber —cojamos aire— sesenta y tres trillones novecientos mil setecientos ochenta y un billones setecientos ochenta mil setecientos cuarenta y ocho millones ciento sesenta mil dólares (63.900.781.780.748.160.000).

Esta es una cifra absurda y poco práctica. El objetivo es transmitir que lo que parecen cambios pequeños en las hipótesis de crecimiento pueden llevar a cifras absurdas y poco prácticas. Por tanto, cuando analizamos por qué una cosa se ha convertido en algo tan potente —por qué se formó un periodo glacial o por qué Warren Buffett es tan rico— a menudo pasamos por alto los factores clave del éxito.

He oído a mucha gente decir que la primera vez que vieron una tabla de interés compuesto —o cuando oyeron por vez primera una de las historias sobre cuánto más tendría uno al jubilarse si hubiera empezado a ahorrar a los veintipocos y no pasados los treinta— les cambió la vida. Pero probablemente no se la cambió. Probablemente lo que pasó fue que los sorprendió, porque los resultados no parecían correctos de manera intuitiva. El pensamiento linear es mucho más intuitivo que el exponencial. Si te pido que calcules mentalmente 8+8+8+8+8+8+8+8+8, lo puedes hacer en unos pocos segundos (da 72). Pero si te pido que calcules 8×8×8×8×8×8×8×8×8, te va a explotar la cabeza (da 134.217.728).

IBM fabricó un disco duro de 3,5 *megabytes* en los años cincuenta del siglo xx. Para los años sesenta, los valores rondaban en torno a unas pocas docenas de *megabytes*. Para los setenta, el disco duro Winchester, de IBM, contenía 70 *megabytes*. Un ordenador personal típico de principios de los noventa tenía entre 200 y 500 *megabytes*.

Y luego... ¡bum! Las cifras explotaron.

1999: el iMac, de Apple, viene con un disco duro de 6 *gigabytes*.

2003: 120 *gigabytes* lleva el Power Mac.

2006: 250 *gigabytes*, el nuevo iMac.

2011: el primer disco duro de 4 *terabytes*.

2017: discos duros de 60 *terabytes*.

2019: discos duros de 100 *terabytes*.

Resumiendo: desde 1950 hasta 1990 ganamos 296 *megabytes*. Desde 1990 hasta la actualidad ganamos 100 millones de *megabytes*.

Si eras un optimista de la tecnología en los cincuenta, podrías haber predicho que la capacidad de almacenamiento se incrementaría por mil. Tal vez, que aumentaría diez mil veces si apostaras al máximo. En cambio, pocos habrían dicho que el aumento sería de «treinta millones de veces a lo largo de mi vida». Pero esto es lo que ocurrió.

La naturaleza antintuitiva del potencial acumulativo lleva incluso al más listo de nosotros a no ser consciente de su poder. En 2004 Bill Gates criticó el nuevo Gmail, pues se preguntaba por qué alguien iba a necesitar un *gigabyte* de almacenamiento. El escritor Steven Levy escribió: «A pesar de su familiaridad con las tecnologías punta, su mentalidad [de Gates] estaba anclada en el viejo paradigma del almacenamiento como una mercancía que hay que conservar». Nunca se acostumbra uno a la velocidad con que pueden crecer las cosas.

El peligro que eso entraña es que, como la potencia de la acumulación no es intuitiva, a menudo ignoramos su potencial y nos centramos en resolver los problemas por otros medios. No porque pensemos demasiado, sino porque raramente nos detenemos a considerar el interés compuesto.

Ninguno de los 2.000 libros que diseccionan el éxito de Buffett se titula *Ese tío lleva tres cuartos de siglo invirtiendo de forma constante*. Pero sabemos que esa es la clave de la mayor parte de su éxito. Sencillamente es difícil comprender la aritmética porque no es intuitiva.

Hay libros sobre ciclos económicos, estrategias comerciales y apuestas sectoriales. Pero el libro más poderoso e importante debería titularse *Cállate y espera*. Contiene una sola página con un gráfico a largo plazo del crecimiento económico.

La lección práctica es que el carácter antintuitivo del interés compuesto puede ser responsable de la mayor parte de los negocios fallidos, de las malas estrategias y de las tentativas exitosas de inversión.

No puedes culpar a la gente por dedicar todos sus esfuerzos —los esfuerzos que dedican a lo que aprenden y a lo que hacen— a intentar obtener la rentabilidad más alta para sus inversiones. Esa parece ser, de manera intuitiva, la mejor manera de hacerse rico.

No obstante, invertir bien no significa necesariamente obtener la rentabilidad más alta, porque los réditos elevados suelen ser un éxito único que no puede repetirse. Se trata de obtener una rentabilidad bastante buena que pueda mantenerse y que pueda repetirse por el periodo más largo posible. Es entonces cuando el potencial de la acumulación obra milagros.

Lo contrario de eso —obtener réditos elevados que no pueden mantenerse— desemboca en historias trágicas. Necesitaremos el siguiente capítulo para contarlas.

5.

Hacerse rico frente a conservar la riqueza

Para invertir bien no hay que tomar necesariamente buenas decisiones. Lo que hay que hacer es no meter nunca la pata.

HAY UN MILLÓN de maneras de hacerse rico, y muchos libros sobre cómo hacerlo.

Pero solo hay una manera de conservar la riqueza: una combinación de austeridad y paranoia.

Y este es un tema del que no hablamos lo suficiente.

Empecemos con una breve historia sobre dos inversores que no se conocieron, pero cuyos caminos se cruzaron de una forma interesante hace casi un siglo.

Jesse Livermore era el mejor corredor de bolsa de su época. Nacido en 1877, se hizo bróker profesional antes de que la mayor parte de la gente supiera que eso existía. A los treinta años, su patrimonio, ajustado a la inflación, equivalía a unos 100 millones de dólares actuales.

En 1929 Jesse Livermore ya era uno de los inversores más conocidos del mundo. El crac bursátil de ese año, que dio comienzo a la Gran Depresión, cimentó su legado en la historia.

Más de un tercio del valor bursátil se evaporó en una semana de octubre de 1929 cuyos días fueron nombrados posteriormente Lunes Negro, Martes Negro y Jueves Negro.

La esposa de Livermore, Dorothy, temía lo peor cuando su marido regresó a casa el 29 de octubre. Circulaban por Nueva

York noticias sobre especuladores de Wall Street que se suicidaban. Ella y sus hijos saludaron llorando a Jesse a la puerta de casa, mientras la madre de la mujer estaba tan turbada que se escondió en otra habitación sollozando.

Jesse, según el biógrafo Tom Rubython, estuvo confundido durante unos instantes, pero luego se dio cuenta de lo que estaba sucediendo.

Entonces soltó la noticia a su familia: en un golpe de genio y suerte, había apostado a que el precio de las acciones bajaría.

«Entonces, ¿no estamos arruinados?», preguntó Dorothy.

«No, cariño, acabo de tener mi mejor día en la bolsa: somos increíblemente ricos y podemos hacer lo que nos dé la gana», dijo Jesse.

Dorothy fue corriendo a buscar a su madre y le dijo que se calmara.

En un día, Jesse Livermore consiguió la cantidad equivalente a más de 3.000 millones de dólares.

Durante uno de los peores meses de la historia de la bolsa, él se convirtió en uno de los hombres más ricos del mundo.

Mientras la familia de Livermore celebraba su éxito descomunal, otro hombre merodeaba desesperado por las calles de Nueva York.

Abraham Germansky era un promotor inmobiliario multimillonario que había hecho una fortuna durante los boyantes años veinte. Mientras la economía prosperaba, él hizo lo que virtualmente cualquier otro neoyorquino exitoso hacía a finales de los años veinte: apostar fuertemente por el mercado de valores en auge.

El 26 de octubre de 1929, el *New York Times* publicó un artículo que en dos párrafos describía un final trágico:

Bernard H. Sandler, abogado del número 225 de Broadway, recibió durante la mañana de ayer la consulta de la esposa de Abraham Germansky, de Mount Vernon, para que la ayudara a encontrar a su marido, desaparecido desde el martes por la mañana. Según informó Sandler, Germansky, que tiene cincuenta años y es un promotor inmobiliario del East Side, había invertido mucho en acciones.

Sandler dijo que la señora Germansky le contó que un amigo vio a su marido a última hora del martes en Wall Street, cerca de la bolsa. Según el informante, su marido estaba despedazando una cinta de teletipo y la estaba esparciendo por la acera mientras caminaba en dirección a Broadway.

Y ese, por lo que sabemos, fue el final de Abraham Germansky.

He aquí el contraste.

El crac de octubre de 1929 convirtió a Jesse Livermore en uno de los hombres más ricos del planeta. Y arruinó a Abraham Germansky, que quizás se quitó la vida.

Pero avancemos cuatro años, momento en el que sus historias vuelven a cruzarse.

Tras el exitazo de 1929, Livermore, con una confianza desbordante, hizo apuestas más y más cuantiosas. Se enredó más de lo que debía, con unas deudas cada vez mayores, y terminó perdiéndolo todo en la bolsa.

Arruinado y avergonzado, desapareció durante dos días en 1933. Su esposa se puso a buscarlo. «Jesse L. Livermore, corredor de bolsa, del número 1100 de Park Avenue, está desaparecido y no se le ha visto desde ayer a las tres de la tarde», publicó el *New York Times* en 1933.

Regresó, pero su destino estaba escrito. Finalmente, Livermore se quitó la vida.

La cronología fue distinta, pero Germansky y Livermore compartían un rasgo característico: ambos fueron muy hábiles haciéndose ricos, pero fueron igual de malos manteniendo la riqueza.

Aunque «rico» no sea una palabra que te aplicarías a ti mismo, las lecciones que podemos sacar de esta observación son válidas para todo el mundo, para cualquier nivel de ingresos.

Conseguir dinero es una cosa.

Mantenerlo es otra.

———————

Si tuviera que resumir el éxito monetario en una palabra, diría «supervivencia».

Como veremos en el capítulo 6, un 40 % de las empresas que tienen suficiente éxito para salir a bolsa acaban perdiendo todo su valor con el tiempo. La lista Forbes 400, que incluye a los estadounidenses más ricos, tiene de media cerca de un 20 % de renovación cada década por causas que no tienen que ver con la muerte o con la transferencia de dinero a otro miembro de la familia.[17]

El capitalismo es duro. Pero esto se debe, en parte, a que ganar dinero y conservarlo son dos habilidades distintas.

Ganar dinero requiere asumir riesgos, ser optimista y jugártela.

Sin embargo, conservar el dinero requiere lo contrario de asumir riesgos. Requiere humildad y miedo a que puedas perder lo que has conseguido con la misma rapidez. Requiere austeridad y la aceptación de que al menos parte de lo que has conseguido es atribuible a la suerte, de modo que no puedes fiarte de los éxitos del pasado para repetirlos indefinidamente.

Una vez Charlie Rose le preguntó a Michael Moritz, el multimillonario que dirige Sequoia Capital, por qué su empresa tenía tanto éxito. Moritz mencionó la larga existencia ininterrumpida de la compañía y señaló que algunas empresas de capital riesgo tienen éxito durante cinco o diez años, pero que Sequoia había sido próspera durante cuatro décadas. Rose le preguntó entonces a qué se debía eso:

> MORITZ: Creo que siempre nos ha dado miedo arruinarnos.
>
> ROSE: ¿En serio? ¿Así que la razón es el miedo? ¿Solo sobreviven los paranoicos?
>
> MORITZ: Hay mucho de cierto en eso... Nosotros suponemos que mañana no será como ayer. No podemos permitirnos dormirnos en los laureles. No podemos ser autocomplacientes. No podemos suponer que el éxito de ayer se traducirá en la buena fortuna de mañana.

Una vez más, la supervivencia.

Ni el «crecimiento», ni la «inteligencia» ni la «perspicacia». La capacidad de estar ahí durante mucho tiempo, sin arruinarse ni verse forzado a abandonar, es lo que marca más la diferencia. Esta debería ser la piedra angular de tu estrategia, ya sea al invertir o al construir tu carrera profesional o tu propio negocio.

Hay dos razones por las que una mentalidad de supervivencia es tan clave en los asuntos relativos al dinero.

Una es obvia: pocas ganancias hay que sean tan espectaculares que merezca la pena arruinarse por ellas.

La otra, como vimos en el capítulo 4, es la aritmética antintuitiva del interés compuesto.

La acumulación de capital solo funciona si puedes darle a un activo años y años para que crezca. Es como plantar robles: en un año de crecimiento no se verá un gran progreso, pero diez años pueden suponer una diferencia significativa, y cincuenta años pueden crear algo absolutamente extraordinario.

No obstante, conseguir y mantener ese crecimiento extraordinario requiere sobrevivir a todos los altibajos imprevisibles que cualquier ser humano experimenta inevitablemente a lo largo del tiempo.

Podemos pasarnos años intentando desentrañar cómo Warren Buffett logró semejante rentabilidad en sus inversiones: cómo encontró las mejores compañías, las acciones más baratas y los mejores gestores. Esto es difícil. No obstante, menos difícil pero igual de importante es señalar lo que él no hizo.

No se dejó llevar por el endeudamiento.

No cedió al pánico y no vendió durante las catorce recesiones que ha vivido.

No mancilló su reputación empresarial.

No dependió del dinero de otros (gestionar las inversiones mediante una sociedad que cotiza en bolsa implica que los inversores no pueden retirar su capital).

No acabó quemado por culpa del trabajo y no abandonó ni se retiró.

Sobrevivió. La supervivencia le confirió un largo periodo de inversión. Y ese largo periodo —invertir constantemente desde los diez años hasta, por lo menos, los ochenta y nueve— es lo que hizo que el interés compuesto obrara maravillas. Este único elemento es lo más determinante al describir su éxito.

Para demostrar a qué me refiero, tienes que escuchar la historia de Rick Guerin.

Probablemente habrás oído hablar del dúo de inversores Warren Buffett y Charlie Munger. Pero hace cuarenta años el grupo tenía un tercer miembro: Rick Guerin.

Warren, Charlie y Rick hacían inversiones juntos y entrevistaban a directivos de empresas juntos. Entonces Rick en cierto modo desapareció, al menos en relación con el éxito de Buffett y Munger. El inversor Mohnish Pabrai una vez le preguntó a Buffett qué le había ocurrido a Rick. Mohnish recordaría posteriormente:

> [Warren dijo] «Charlie y yo siempre supimos que llegaríamos a ser increíblemente ricos. No teníamos prisa por serlo; sabíamos que iba a suceder. Rick era igual de inteligente que nosotros, pero él tenía prisa.»
>
> Lo que pasó fue que durante la recesión de 1973-1974 Rick se había endeudado mediante préstamos garantizados con títulos para poder invertir. Y el mercado bursátil cayó casi un 70 % en aquellos dos años, así que tuvo que hacer frente a ajustes de márgenes. Vendió sus acciones de Berkshire a Warren —Warren dijo de hecho: «Compré las acciones de Berkshire que tenía Rick»— por menos de 40 dólares la unidad. Rick se vio forzado a vender porque estaba endeudado.[18]

Charlie, Warren y Rick eran igual de hábiles haciéndose ricos. Pero Warren y Charlie tenían la habilidad extra de saber mantener la riqueza, que con el tiempo es la habilidad que más importa.

Nassim Taleb lo expresó de esta forma: «Ser hábil en algo y sobrevivir son cosas distintas: lo primero requiere lo segundo. Tienes que evitar arruinarte. A toda costa».

Aplicar la mentalidad de supervivencia al mundo real se concreta en ser consciente de tres cosas.

1. Quiero conseguir unos beneficios cuantiosos, pero por encima de eso quiero ser inquebrantable en términos financieros. Y pienso realmente que, si soy inquebrantable, conseguiré los beneficios más cuantiosos, porque seré capaz de seguir ahí lo bastante para que el interés compuesto obre maravillas.

Nadie quiere tener liquidez durante una fase de mercado alcista. La gente quiere tener activos que suban mucho. Uno se siente conservador si retiene dinero durante una fase alcista, porque es muy consciente de las ganancias a las que está renunciando no poseyendo los buenos activos. Pongamos que el dinero da un 1 % y las acciones un 10 % anual. Esa brecha de un 9 % te va a carcomer todos los días.

No obstante, si esa liquidez evita que tengas que vender tus acciones durante una fase bajista, los beneficios reales de ese dinero no son de un 1 % anual, sino que podrían ser muchas veces este porcentaje, porque impedir una venta desesperada y a destiempo puede favorecer más tus beneficios a lo largo de tu vida que decenas de decisiones de gran éxito.

El interés compuesto no se basa en obtener grandes réditos. Siempre será más positivo conseguir una rentabilidad medianamente buena durante el periodo —ininterrumpido— más largo posible, sobre todo en tiempos de caos y miseria.

2. Planificar es importante, pero la parte más importante de cualquier plan es planificar para cuando el plan no vaya según lo planificado.

¿Qué dice el refrán? Tú planificas, y Dios se ríe. La planificación financiera y de inversiones es crucial, porque te permite saber si tus acciones actuales están dentro de un terreno razonable. Sin embargo, pocos planes, sean del tipo que sean, sobreviven a su primer encuentro con el mundo real. Si haces proyecciones de tus ingresos, tu índice de ahorro y tu rentabilidad de mercado para los próximos veinte años, piensa en todas las grandes cosas que han sucedido en los últimos veinte años que nadie podía prever: el 11 de Septiembre, un *boom* y una burbuja inmobiliaria que hizo que casi diez millones de estadounidenses perdieran sus casas, una crisis financiera que hizo que casi nueve millones de personas perdieran su trabajo y, a continuación, un repunte de récord del mercado bursátil y un coronavirus que, en el momento de escribir esto, está sacudiendo el mundo.

Un plan solamente es útil si puede sobrevivir a la realidad. Y un futuro lleno de incógnitas es la realidad de todo el mundo.

Un buen plan no finge que esto no sea cierto, sino que lo acepta e incluye un margen de error considerable. Cuantos más elementos específicos necesitas para que un plan se cumpla, más frágil se vuelve tu vida financiera. Si hay suficiente margen de error en tu índice de ahorro hasta el punto de que puedes decir: «Sería fantástico que el mercado me reportara un 8 % anual en los próximos treinta años, pero si solo es un 4 % también me vale», más valioso será tu plan.

Muchas apuestas fracasan no porque fueran erróneas, sino porque eran en su mayoría correctas siempre que las cosas hubieran salido exactamente como estaba previsto. El margen para el error, a menudo llamado «margen de seguridad», es una de las fuerzas más infravaloradas de las finanzas. Aparece en muchas formas diferentes: un presupuesto austero, una mentalidad flexible o una cronología laxa. Cualquier cosa que te permita vivir feliz con una gran variedad de resultados.

Esto es distinto de ser conservador. Ser conservador es evitar un cierto nivel de riesgo. Incluir un margen de seguridad es aumentar la probabilidad de éxito a un nivel de riesgo determinado incrementando tus opciones de supervivencia. Su magia está en que cuanto mayor sea el margen de seguridad, menor será la ventaja que necesites para alcanzar un resultado favorable.

3. Es vital ser optimista con respecto al futuro, pero paranoico ante lo que te va a impedir llegar a ese futuro.

El optimismo suele definirse como el creer en que las cosas van a ir bien. Pero esta definición es incompleta. El optimismo sensato es creer en que la probabilidad está a tu favor y que con el tiempo las cosas se equilibrarán para dar un buen resultado, aunque lo que suceda entremedias esté lleno de desgracias. Y, de hecho, lo sabes, estará lleno de desgracias. Puedes ser optimista y pensar que la trayectoria de crecimiento a largo plazo va a ir en ascenso y hacia la derecha, pero puedes estar igual de seguro de que la carretera que lleva del ahora al después está llena de minas y siempre lo estará. Estas dos cosas no son excluyentes.

La idea de que algo puede dar beneficios a largo plazo y que al mismo tiempo puede ser un fracaso a corto plazo no es intuitiva, pero así es como funcionan un montón de cosas en la vida. A los veinte años, una persona normal puede perder aproximadamente la mitad de las conexiones sinápticas que tenía en su cerebro a los dos años, ya que las vías neuronales ineficientes y redundantes se eliminan. Pero ese veinteañero medio es mucho más inteligente que un crío normal de dos años. La destrucción ante el progreso no solo es posible, sino que es una manera eficiente de deshacerse de los excesos.

Imagínate que fueras padre y pudieras ver el interior del cerebro de tu hijo. Cada mañana verías menos conexiones sinápticas en su cabeza. ¡Te aterrorizarías! Dirías: «No puede ser, se están perdiendo y destruyendo muchas cosas aquí dentro. Hay que hacer algo. ¡Tenemos que llamar a un médico!». Pero no tendrías que hacerlo. Lo que estarías presenciando es el desarrollo normal del progreso.

Las economías, los mercados y las carreras profesionales a menudo siguen una trayectoria parecida: crecimiento con pérdidas de por medio.

Estos son los resultados de la economía de Estados Unidos en los últimos ciento setenta años:

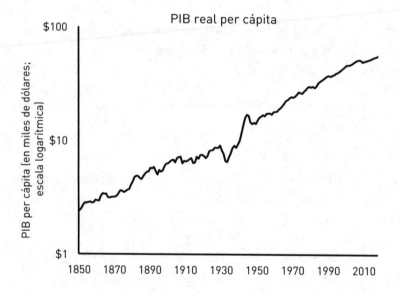

Pero ¿sabes qué ocurrió durante ese periodo? A ver, por dónde empezamos...

- Murieron 1,3 millones de estadounidenses combatiendo en nueve grandes guerras.

- Cerca de un 99,9 % de las empresas que se crearon quebraron.

- Cuatro presidentes de Estados Unidos fueron asesinados.

- En un solo año, 675.000 estadounidenses murieron por una pandemia de gripe.

- Unas 30 catástrofes naturales mataron, cada una de ellas, a por lo menos 400 estadounidenses.

- Otras 33 recesiones duraron un total acumulativo de cuarenta y ocho años.

- El número de analistas que predijeron alguna de esas recesiones es de cerca de cero.

- El mercado bursátil cayó más de un 10 % partiendo de un máximo reciente en, por lo menos, 102 ocasiones.

- Las acciones perdieron un tercio de su valor al menos 12 veces.

- La inflación anual superó el 7 % en veinte años distintos.

- El término «pesimismo económico» apareció en los periódicos como mínimo 29.000 veces, según Google.

Nuestras condiciones de vida se multiplicaron por veinte en esos ciento setenta años, pero no pasó casi ni un solo día en que no hubiera razones tangibles para ser pesimista.

Una mentalidad que puede ser paranoica y optimista al mismo tiempo es difícil de mantener, porque ver las cosas en blanco y negro requiere menos esfuerzo que aceptar los matices. Pero es necesario ser paranoico a corto plazo para mantenerte vivo lo bastante para explotar el optimismo a largo plazo.

Jesse Livermore aprendió esta lección por las malas.

Asoció buenos tiempos con el fin de los malos. Hacerse rico le dio la sensación de que conservar la riqueza era algo inapelable y le hizo sentir invencible. Tras perderlo casi todo, hacía esta reflexión:

> A veces pienso que ningún precio es demasiado alto para que un especulador aprenda lo que impedirá que se le suba el éxito a la cabeza. Muchos chascos de hombres brillantes tienen su origen en que se les subió el éxito a la cabeza.

«Es una enfermedad cara —dijo—, en todas partes y para todo el mundo.»

A continuación, echaremos un vistazo a otra manera en la que puede ser muy difícil entender que a veces hay crecimiento pese a los contratiempos.

6.
Cruz, tú ganas

Puedes equivocarte la mitad de las veces y,
aun así, ganar una fortuna.

«Llevo treinta años currando en esto. Creo que el cálculo es
sencillo: algunos proyectos funcionan y otros no.
No hay motivo para insistir en ninguno de ellos.
Solo hay que pasar al siguiente.»
Brad Pitt, discurso de recogida del Premio del Sindicato
de Actores de Estados Unidos

Heinz Berggruen huyó de la Alemania nazi en 1936. Se
instaló en Estados Unidos, donde estudió Literatura en la
Universidad de California en Berkeley.

Según la mayor parte de las fuentes, Berggruen no era especialmente prometedor en su juventud. Pero, llegados los años
noventa, se había convertido, se mire como se mire, en uno de
los marchantes de arte más exitosos de todos los tiempos.

En el año 2000, Berggruen vendió parte de su inmensa colección de Picassos, Braques, Klees y Matisses al Gobierno alemán por más de 100 millones de euros. Tal era la ganga que los
alemanes lo consideraron, de hecho, una donación. El valor de la
colección en el mercado privado estaba muy por encima de los
1.000 millones de dólares.

Que una sola persona pueda coleccionar cantidades enormes de obras maestras es asombroso. El arte es de lo más subjetivo que hay. ¿Cómo puede alguien prever en su juventud qué
obras van a convertirse en las más buscadas del siglo?

Podríamos atribuirlo a la «habilidad».

O a la «suerte».

Sin embargo, la empresa de inversión Horizon Research tiene una tercera explicación. Y es muy relevante para los inversores.

«Los grandes inversores compran cantidades ingentes de arte —escribe la empresa—.[19] Un subgrupo de las colecciones resultan ser grandes inversiones, y dichas obras se conservan durante un periodo suficientemente prolongado para que la rentabilidad de la cartera llegue a coincidir con la rentabilidad de las mejores piezas de la cartera. Así es como funciona.»

Los grandes marchantes de arte operaban como fondos indexados. Compraban todo lo que podían. Y lo compraban en paquetes, no adquirían piezas individuales que les gustasen. Luego esperaban a que de ahí surgieran algunos éxitos.

Así es como funciona.

Quizás el 99 % de las obras que alguien como Berggruen adquirió en su vida resultaron tener poco valor. Pero eso no importa mucho si el 1 % restante acaba siendo la obra de alguien como Picasso. Berggruen podría haberse equivocado la mayor parte de las veces y, aun así, tener un éxito tremendo.

En el mundo de los negocios y las inversiones, muchas cosas funcionan así. Las largas estelas —los extremos más alejados de una distribución de resultados— tienen una influencia enorme en las finanzas, donde un pequeño número de eventos pueden ser la causa de la mayoría de los resultados.

Esto puede ser difícil de gestionar, incluso si entiendes la aritmética que hay detrás. Va contra la intuición pensar que un inversor pueda equivocarse la mitad de las veces y, aun así, ganar una fortuna. Significa que infravaloramos lo normal que es que muchas cosas fracasen. Y eso nos lleva a reaccionar de manera desproporcionada cuando lo hacen.

Mickey Mouse: El botero Willie puso a Walt Disney en el mapa como creador de animación. No obstante, el éxito empresarial es otra cosa. El primer estudio de Disney se declaró en quiebra. Sus películas eran descomunalmente caras de producir y estaban financiadas en unas condiciones exorbitantes. A mediados de los años treinta del siglo xx, Disney había producido más de 400 películas de dibujos animados. La mayoría eran cortos, la mayor parte les encantaban a los espectadores, y la mayor parte le hicieron a Disney perder una fortuna.

Blancanieves y los siete enanitos lo cambió todo.

Los ocho millones de dólares que cosechó en los primeros seis meses de 1938 fueron de un orden de magnitud superior a cualquier otra cosa que hubiera ganado la empresa hasta la fecha. Aquello transformó Disney Studios. La compañía satisfizo todas sus deudas. Empleados clave recibieron primas de retención. La empresa adquirió un estudio de última generación en Burbank, donde sigue radicada hoy en día. Un Óscar hizo que Walt Disney pasara de ser solo famoso a ser una celebridad en toda regla. Para 1938 había producido varios cientos de horas de filme. Pero, en términos empresariales, los 83 minutos de *Blancanieves* eran lo único que importaba.

Cualquier cosa que sea enorme, rentable, famosa o influyente es el resultado de un suceso extremo: un evento periférico de uno entre miles o millones. Y la mayor parte de nuestra atención se dirige a cosas que son enormes, rentables, famosas e influyentes. Puesto que la mayoría de las cosas a las que prestamos atención son el resultado de un suceso extremo, es fácil infravalorar lo raros y poderosos que son dichos casos.

Algunos sectores marcados por los eventos extremos son obvios. Fijémonos en el capital riesgo. Si una empresa de capital riesgo hace cincuenta inversiones, prevé que probablemente la mitad fracasarán, diez van a dar unos resultados bastante buenos y una o dos serán éxitos que van a reportar el 100 % de los beneficios del fondo. La empresa de inversión Correlation Ventures una vez hizo números.[20] De las más de 21.000 operaciones con capital riesgo entre 2004 y 2014:

Un 65 % perdieron dinero.

Un 2,5 % de las inversiones dieron una rentabilidad de entre diez y veinte veces.

Un 1 % reportó unos beneficios de más de veinte veces.

Un 0,5 % —unas cien empresas de cada 21.000— cosechó una rentabilidad de cincuenta veces o más. De ahí proviene la mayor parte de los beneficios del sector.

Esto, puedes pensar tú, es lo que hace que el capital riesgo sea tan arriesgado. Y todo el mundo que invierte en capital riesgo sabe que es un sector arriesgado. La mayoría de las *start-ups* fracasan y el mundo solo tiene la amabilidad de permitir unos cuantos megaéxitos.

Si quieres unos beneficios más seguros, más previsibles y más estables, inviertes en grandes empresas que cotizan en bolsa.

O esto es lo que podrías pensar.

Porque recuerda: los sucesos extremos lo mueven todo.

La distribución del éxito de los grandes valores bursátiles a lo largo del tiempo no dista mucho de como se distribuye el éxito en el capital riesgo.

La mayoría de las empresas que cotizan en bolsa son fiascos, a unas cuantas les va bien y solo un puñado llegan a ser éxitos extraordinarios que constituyen la mayor parte de los beneficios del mercado de valores.

Una vez, J.P. Morgan Asset Management publicó la distribución de los beneficios del índice Russell 3000 —una gran y amplia colección de sociedades cotizadas— desde 1980.[21]

Durante ese periodo, el 40 % de todas las acciones del Russell 3000 perdieron por lo menos un 70 % de su valor y nunca lo recuperaron.

Efectivamente, todos los beneficios del índice en su conjunto procedían de un 7 % de las empresas, que tenían una mejor rentabilidad en al menos dos desviaciones estándar.

Esta es la típica cosa que esperaríamos del capital riesgo. Sin embargo, es lo que ocurrió en un índice aburrido y diversificado.

Esta paliza a la mayoría de las empresas bursátiles no tiene clemencia con ningún sector. Más de la mitad de las sociedades cotizadas del ámbito de la tecnología y las telecomunicaciones pierden la mayor parte de su valor y nunca lo recuperan. Incluso entre las empresas de utilidad pública el índice de fracaso es de más de una entre diez:

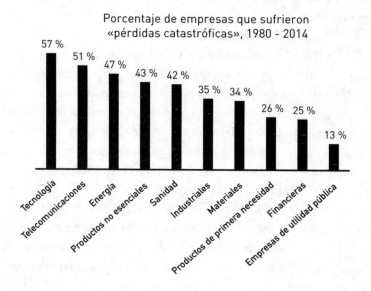

Porcentaje de empresas que sufrieron «pérdidas catastróficas», 1980 - 2014

Lo interesante de eso es que han alcanzado un determinado nivel de éxito para convertirse en una empresa que cotiza en bolsa y formar parte del Russell 3000. Se trata de compañías consolidadas, no de empresas emergentes poco fiables. Y, aun así, la mayoría tiene una vida de años, no de generaciones.

Fijémonos en el ejemplo de una de esas empresas: Carolco, que había formado parte del índice Russell 3000.

La empresa produjo algunas de las películas más taquilleras de los años ochenta y noventa, como los tres primeros filmes de Rambo, *Terminator 2, Instinto básico* y *Desafío total.*

Carolco empezó a cotizar en bolsa en 1987. Fue un éxito enorme, y la empresa no paraba de lograr un taquillazo tras otro. Obtuvo 500 millones de dólares en ingresos en 1991, y atrajo una capitalización de mercado de 400 millones: una barbaridad de dinero por aquel entonces, sobre todo para un estudio cinematográfico.

Y luego todo se fue al traste.

Se acabaron los grandes éxitos de taquilla, algunos proyectos de gran presupuesto terminaron siendo fiascos y para mediados de los noventa Carolco ya era historia. Se declaró en quiebra en 1996. Las acciones a cero, y adiós muy buenas. Una pérdida catastrófica. Algo que con el paso del tiempo una de cada cuatro empresas bursátiles experimenta. La historia de Carolco no merece la pena ser contada porque sea única, sino porque es habitual.

He aquí la parte más importante de la historia: el Russell 3000 ha multiplicado su valor por más de 73 veces desde el año 1980. Esto supone una rentabilidad espectacular. Esto sí es un éxito.

Un 40 % de las empresas del índice fueron, en efecto, fracasos. Pero el 7 % de las que obtuvieron unos resultados extremadamente buenos fueron suficientes para compensar los chascos. Igual que Heinz Berggruen, pero con Microsoft y Walmart en lugar de Picasso y Matisse.

No es solo que unas pocas empresas copen la mayor parte de los beneficios del mercado, sino que, también dentro de esas empresas, se dan todavía más sucesos extremos.

En 2018, Amazon se hizo con el 6 % de los beneficios del índice S&P 500. Y el crecimiento de Amazon se debe casi exclusivamente a Amazon Prime y a Amazon Web Services, que son sucesos extremos en una compañía que ha experimentado con cientos de productos, desde el Fire Phone hasta agencias de viajes.

Apple fue responsable de casi el 7 % de los ingresos del índice en 2018. Y esta cifra es debida en un porcentaje abrumador al iPhone, que en el mundo de los productos tecnológicos es el no va más de los sucesos extremos.

Y ¿quién trabaja para esas empresas? La tasa de contratación de Google es de un 0,2 %.[22] La de Facebook, de un 0,1 %.[23] La de Apple está en aproximadamente un 2 %.[24] Así que las personas que trabajan en estos proyectos extremos que reportan unos beneficios extremos tienen una carrera profesional extrema.

La idea de que unas pocas cosas son las responsables de la mayor parte de los resultados no es válida solamente para las compañías de tu cartera de inversión. También es una parte importante de tu comportamiento como inversor.

Esa es la definición que dio Napoleón de un genio militar: «El hombre capaz de actuar con normalidad cuando el resto de las personas a su alrededor se están volviendo locas».

Pues vale lo mismo para el mundo de la inversión.

La mayoría de las recomendaciones financieras son sobre *hoy*. ¿Qué deberías hacer *ahora mismo* y qué acciones parecen una buena compra *hoy*?

No obstante, la mayoría de las veces el *hoy* no es tan importante. A lo largo de tu vida como inversor, las decisiones que tomes hoy o mañana o la semana que viene no importarán tanto como lo que hagas durante los pocos días —probablemente un 1 % del tiempo o menos— en que todo el mundo a tu alrededor se esté volviendo loco.

Piensa en lo que pasaría si ahorraras un dólar al mes entre los años 1900 y 2019.

Podrías invertir ese dólar en el mercado de valores estadounidense todos los meses, pasara lo que pasase. Da igual que los economistas estuvieran berreando porque se acerca una recesión o una nueva fase bajista. Tú seguirías invirtiendo. Llamemos al inversor que hace esto Sue.

Pero quizás invertir durante una recesión dé demasiado miedo. Así que tal vez inviertas tu dólar en bolsa cuando la economía no está en recesión, lo vendas todo cuando hay recesión y ahorres tu dólar mensual, y luego lo vuelvas a invertir todo en la bolsa cuando termina la recesión. A este inversor lo llamaremos Jim.

Sin embargo, tal vez pasen varios meses antes de que una recesión te eche del mercado por miedo, y luego te cueste un tiempo recuperar la confianza antes de volver a meterte en el mercado. Inviertes un dólar en acciones cuando no hay recesión, vendes seis meses después de que empiece una recesión y vuelves a invertir seis meses después del fin de una recesión. A ti te llamaremos Tom.

¿Cuánto dinero tendrían estos tres inversores al término del periodo?

Sue terminaría con 435.551 dólares.

Jim tendría 257.386 dólares.

Y Tom, 234.476 dólares.

Sue gana por paliza.

Hubo 1.428 meses entre los años 1900 y 2019. Solo un poco más de 300 fueron durante una recesión. Así que, manteniendo la calma durante únicamente el 22 % del tiempo en que la economía estuvo en recesión o cerca de ella, Sue termina con casi tres cuartas partes más de dinero que Jim o Tom.

O pongamos un ejemplo más reciente: la manera en que actuaste como inversor durante unos pocos meses a finales de 2008 y a principios de 2009 probablemente tendrá un mayor efecto en tus beneficios a largo plazo que todo lo que hiciste entre los años 2000 y 2008.

Existe un viejo chiste entre pilotos según el cual su trabajo son «horas y horas de aburrimiento interrumpidas por instantes de puro terror». Lo mismo puede decirse de las inversiones. Tu éxito como inversor estará determinado por cómo respondas a los breves instantes de terror, no a los años yendo con el piloto automático.

Una buena definición de un genio en inversión es el hombre o la mujer capaces de actuar con normalidad cuando todas las personas a su alrededor se están volviendo locas.

Los sucesos extremos lo determinan todo.

————————

Cuando aceptas que los sucesos extremos lo determinan todo en el mundo empresarial, financiero y de las inversiones, te das cuenta de que es normal que muchas cosas vayan mal, descarrilen y fracasen.

Si eres bueno escogiendo acciones, quizás aciertes la mitad de las veces.

Si eres un buen empresario, quizás funcionen la mitad de tus ideas de producto y estrategia.

Si eres un buen inversor, la mayor parte de los años irán más o menos bien, pero muchos serán malos.

Si eres un buen trabajador, encontrarás la empresa adecuada en el ámbito adecuado tras varios intentos.

Y esto en el caso de que seas bueno.

Peter Lynch es uno de los mejores inversores de nuestros días. «Si eres espectacular en este negocio, aciertas seis veces de cada diez», dijo una vez.

Hay ámbitos profesionales en los que tienes que ser perfecto siempre. Pilotando un avión, por ejemplo. Luego hay ámbitos en los que te conviene ser por lo menos bastante bueno casi siempre. Sería el caso de un chef de restaurante.

Las inversiones, las finanzas y los negocios no son como estos ámbitos.

Algo que he aprendido tanto de inversores como de emprendedores es que nadie toma buenas decisiones todo el tiempo. Las personas más impresionantes están repletas de ideas horrendas que a menudo las llevan a actuar.

Fijémonos en Amazon. No es intuitivo pensar que el lanzamiento fallido de un producto en una gran compañía pueda considerarse algo normal y aceptable. Intuitivamente, pensaríamos que el consejero delegado debería disculparse ante los accionistas. Pero Jeff Bezos dijo poco después del catastrófico lanzamiento del Fire Phone:

> Si piensan ustedes que esto es un gran fracaso, [sepan que] ahora mismo estamos trabajando en fracasos mucho más grandes. No se lo digo en broma. Algunos de ellos van a hacer que lo del Fire Phone parezca un minúsculo incidente sin importancia.

A Amazon no le pasa nada por perder un montón de dinero por culpa del Fire Phone porque lo compensará con algo como Amazon Web Services, que le reporta decenas de miles de millones de dólares. Casos extremos al rescate.

El consejero delegado de Netflix, Reed Hastings, anunció una vez que su empresa iba a cancelar varias producciones de gran presupuesto. Ante eso, él respondió:

Ahora mismo nuestro porcentaje de éxitos es demasiado alto. Siempre le estoy pidiendo más al equipo de contenidos. Tenemos que asumir más riesgo. Hay que probar cosas más locas, porque deberíamos tener una ratio de cancelación más elevada en conjunto.

Esto no es engañar o eludir responsabilidades. Es reconocer, de forma inteligente, que los casos extremos determinan el éxito. Por cada Amazon Prime u *Orange is The New Black*, sabes, con toda seguridad, que tendrás varios fiascos.

El hecho de que esto no sea intuitivo se debe en parte a que en la mayoría de los ámbitos profesionales solo vemos el producto acabado, no las pérdidas en las que se ha incurrido y que condujeron al producto de gran éxito.

El Chris Rock que veo en televisión es gracioso e impecable. El Chris Rock que actúa en decenas de pequeños clubes cada año está solo bien. Así son las cosas por naturaleza. Ningún genio de la comedia es suficientemente listo para saber de antemano qué chistes van a entrar bien. Todo gran humorista prueba su material en pequeños clubes antes de usarlo en espectáculos con gran cantidad de público. A Rock una vez le preguntaron si echaba en falta los pequeños clubes. Él respondió:

Cuando empiezo una gira, no comienzo actuando en estadios. Antes de este último *tour*, actué en un sitio de New Brunswick [Nueva Jersey] llamado Stress Factory. Hice entre 40 y 50 bolos para prepararme para la gira.

Un periódico publicó un reportaje sobre esas sesiones en clubes pequeños. En el texto se describía a Rock hojeando sus notas y peleándose con el material. «Tendré que quitar algunos de estos chistes», dice a media actuación. Los buenos chistes que veo en Netflix son los casos extremos que sobresalen de entre un universo de cientos de intentos.

Algo parecido ocurre en el mundo de las inversiones. Es fácil encontrar el patrimonio neto de Warren Buffett o su rentabilidad anual media. O incluso sus mejores inversiones, las más destacadas. Están ahí, a la vista de todos, y es de eso de lo que la gente habla.

Sin embargo, mucho más difícil es juntar todas las inversiones que ha hecho a lo largo de su carrera. Nadie habla de las malas elecciones, de los negocios fallidos y de las adquisiciones fracasadas. Pero son una gran parte de la historia de Buffett. Son la otra cara de los beneficios derivados de los éxitos extremos.

En la junta de accionistas de Berkshire Hathaway de 2013, Warren Buffett dijo que a lo largo de su vida ha sido propietario de entre 400 y 500 acciones y que ha obtenido la mayor parte de su dinero gracias a diez de ellas. Charlie Munger añadió a continuación: «Si sacas unas cuantas inversiones espectaculares de Berkshire, el historial de la empresa a largo plazo es bastante mediocre».

Cuando prestamos especial atención a los éxitos de un modelo, obviamos que sus ganancias vinieron de un pequeño porcentaje de sus acciones. Esto nos hace pensar que nuestros errores, nuestras pérdidas y nuestros contratiempos se deben a que estamos haciendo algo mal. Pero es posible que hagamos cosas mal, o bastante bien, tan a menudo como los números uno. Puede que ellos estuvieran más acertados que nosotros en los momentos de acierto, pero podrían haberse equivocado tanto como tú.

«Lo importante no es si aciertas o te equivocas —dijo una vez George Soros—, sino cuánto dinero ganas cuando aciertas y cuánto pierdes cuando te equivocas.» Puedes equivocarte la mitad de las veces y, aun así, ganar una fortuna.

―――――――

Hay 100.000 millones de planetas en nuestra galaxia, pero solo uno, por lo que sabemos, con vida inteligente.

El hecho de que estés leyendo este libro es el resultado del mayor suceso extremo que puedas imaginar.

Y es algo por lo que puede uno sentirse feliz. Pero veamos, a continuación, cómo el dinero puede hacerte más feliz aún.

7.

Libertad

Controlar tu tiempo es el mayor dividendo
que reporta el dinero.

E<small>L NIVEL SUPREMO</small> de riqueza es la posibilidad de levantarte por la mañana y decir: «Hoy puedo hacer lo que me dé la gana».

La gente quiere ser más rica para ser más feliz. La felicidad es un asunto complicado porque supone algo distinto para cada uno. Pero si hay un denominador común en la felicidad —un factor universal de la alegría— es que la gente quiere controlar su vida.

La posibilidad de hacer lo que quieras, cuando quieras, con quien tú quieras, durante todo el tiempo que quieras no tiene precio. Es el mayor dividendo que reporta el dinero.

———————

Angus Campbell era un psicólogo de la Universidad de Míchigan. Nacido en 1910, sus investigaciones tuvieron lugar en una época en la que la psicología estaba centrada muy mayoritariamente en los trastornos que abatían a la gente, como la depresión, la ansiedad o la esquizofrenia.

Campbell quería saber qué hacía feliz a la gente. Su libro *The Sense of Well-being in America* [La sensación de bienestar en Estados Unidos], publicado en 1981, empieza señalando que la gente, por lo general, es más feliz de lo que muchos psicólogos suponían. No obstante, está claro que a algunas personas les iban

mejor las cosas que a otras. Y no podías agruparlos necesariamente por grupo de ingresos, por ubicación geográfica o por nivel formativo, pues hay muchas personas en cada categoría que
terminan estando crónicamente infelices.

El común denominador más poderoso de la felicidad era
sencillo. Así lo resumía Campbell:

> Tener una fuerte sensación de controlar la propia vida es un
> indicador más fiable de tener un sentimiento positivo de
> bienestar que cualquier otra condición objetiva de vida que
> hayamos analizado.

Más que el salario. Más que el tamaño de tu casa. Más que el
prestigio de tu trabajo. Tener el control para hacer lo que quieras,
cuando quieras, con quien tú quieras es la variable dentro del estilo
de vida que hace más feliz a la gente.

El mayor valor intrínseco que tiene el dinero —no hay que
subestimarlo— es su capacidad de darnos control sobre nuestro
tiempo; para lograr, poco a poco, un nivel de independencia y
autonomía que proviene de activos no gastados que te dan un mayor control sobre lo que puedes hacer y cuándo puedes hacerlo.

Disponer de una pequeña cantidad de dinero significa poder tomarte unos días libres en el trabajo cuando estás enfermo
sin arruinarte. Conseguir esa posibilidad es algo enorme si no la
tienes.

Un poquito más de dinero significa poder esperar a que se
te presente un buen trabajo después de que te hayan despedido,
en lugar de tener que coger el primero que encuentres. Eso te
puede cambiar la vida.

Un colchón de emergencia para seis meses significa no estar
aterrorizado ante tu jefe, porque sabes que no te vas a arruinar si
tienes que tomarte un tiempo para encontrar otro trabajo.

Tener aún más dinero significa la posibilidad de coger un trabajo con un sueldo más bajo, pero con un horario flexible. Tal vez con un desplazamiento más corto. O poder lidiar con una emergencia médica sin la carga añadida de tener que preocuparte por cómo la vas a costear.

Luego está poder jubilarte cuando quieras en vez de cuando te toca.

Emplear tu dinero para comprar tiempo y opciones tiene un beneficio para tu estilo de vida con el que pocos productos de lujo pueden competir.

Cuando estudiaba en la universidad, quería trabajar en la banca de inversión. Solo había una razón: se ganaba mucho dinero. Esa era la única motivación, y estaba convencido al 100 % de que, una vez que lo consiguiera, eso me haría más feliz. Conseguí unas prácticas de verano en un banco de inversión en Los Ángeles en mi tercer año de universidad, y pensé que me había tocado la lotería. Eso es lo que siempre había querido.

El primer día me di cuenta de por qué los banqueros de inversión ganan un montón de dinero: trabajan más horas y bajo un mayor control de lo que yo pensaba que un ser humano podía soportar. De hecho, la mayoría no pueden soportarlo. Irte a casa antes de medianoche se consideraba un lujo, y en la oficina había un dicho: «Si no vienes a trabajar los sábados, no te molestes en venir el domingo». El trabajo era intelectualmente estimulante, estaba bien pagado y me hacía sentir importante. Pero cada segundo del tiempo que pasaba despierto se volvió esclavo de las exigencias de mi jefe, lo cual fue suficiente para convertir aquello en una de las peores experiencias de mi vida. Eran unas prácticas de cuatro meses. Duré un mes.

Lo más duro de aquello fue que el trabajo me encantaba. Y quería trabajar duro. Pero hacer algo que te encanta siguiendo un horario que no puedes controlar puede hacerte sentir igual de mal que hacer algo que detestas.

Existe un nombre para esta sensación. Los psicólogos lo llaman «reactancia». Jonah Berger, profesor de Marketing en la Universidad de Pensilvania, lo resumió muy bien:

> A las personas les gusta tener la sensación de que controlan la situación: de que están al mando. Cuando intentamos obligarlas a hacer algo, sienten que les quitamos el poder. En lugar de tener la sensación de que ellos han tomado la decisión, sienten que nosotros la hemos tomado por ellos. Por eso dicen que no o bien hacen otra cosa, incluso cuando inicialmente les podría haber parecido bien hacer aquello.[25]

Cuando aceptas lo cierta que es esta afirmación, te das cuenta de que aprovechar el dinero para tener una vida que te permita hacer lo que quieras, cuando quieras, con quien tú quieras, donde quieras y durante tanto tiempo como quieras, trae consigo unos beneficios increíbles.

El exitoso emprendedor Derek Sivers explicó una vez que un amigo le pidió que contara la historia de cómo se hizo rico:

> Yo trabajaba en el centro de Manhattan y ganaba 20.000 dólares al año, más o menos el salario mínimo [...]. Nunca comía fuera de casa y nunca cogía taxis. Mi coste de vida era de unos 1.000 dólares al mes, y ganaba 1.800 cada mes. Hice esto durante dos años y ahorré 12.000 dólares. Tenía veintidós años.
>
> Con aquellos 12.000 dólares, ya podía dejar mi trabajo y empezar a dedicarme a la música a jornada completa. Sabía que conseguiría unas cuantas actuaciones por mes que

costearían mis gastos. Así que era libre. Al mes siguiente dejé el trabajo y nunca he vuelto a tener ninguno.

Cuando terminé de contarle la historia a mi amigo, él me pidió que siguiera. Pero yo le contesté: «No, eso es todo». Él respondió: «¿Cómo? ¿Y qué pasó cuando vendiste tu empresa?».

Yo le dije que no, que aquello no supuso una gran diferencia en mi vida. Simplemente supuso tener más dinero en el banco. Pero lo que marcó la diferencia ocurrió cuando tenía veintidós años.[26]

———————

Estados Unidos es el país más rico de la historia del mundo. Pero hay pocas evidencias de que sus ciudadanos sean, en promedio, más felices de lo que lo eran en los años cincuenta del siglo XX, cuando la riqueza y los ingresos eran mucho más bajos, incluso al nivel medio y ajustándolo a la inflación. Según una encuesta de Gallup hecha en 2019 a 150.000 personas de 140 países, cerca de un 45 % de los estadounidenses declaraban haber sentido «mucha preocupación» el día anterior.[27] La media mundial era de un 39 %. Un 55 % de los estadounidenses declaraban haber sentido «mucho estrés» el día anterior. Para el resto del mundo, lo afirmaba un 35 %.

Parte de lo que ha ocurrido aquí es que hemos empleado nuestra mayor riqueza para comprar cosas mejores y más grandes. Pero al mismo tiempo hemos perdido el control sobre nuestro tiempo. En el mejor de los casos, estas cosas se equilibran mutuamente.

Los ingresos de una familia media ajustados a la inflación eran de 29.000 dólares en 1955.[28] En 2019 eran de poco más de 62.000 dólares. Hemos usado esta riqueza para vivir una vida prácticamente inimaginable para los estadounidenses de los cincuenta, incluso para una familia media. La vivienda del estadounidense medio aumentó de unos 91 metros cuadrados en 1950 a unos 226 metros cuadrados en 2018. Ahora una casa nueva media en Estados Unidos tiene más baños que residentes. Nuestros coches son más rápidos y más eficientes, nuestros televisores son más baratos y tienen más resolución.

Sin embargo, lo que ha sucedido en nuestra época casi no parece que sean progresos. Y esto tiene que ver, en buena medida, con el tipo de trabajos que desempeñamos ahora la mayoría de nosotros.

John D. Rockefeller fue uno de los empresarios de mayor éxito de todos los tiempos. También fue una persona solitaria, que pasaba la mayor parte de su tiempo a solas. Apenas hablaba, se mostraba deliberadamente inaccesible y se quedaba callado cuando captabas su atención.

Un trabajador de una refinería que en alguna ocasión estuvo en confianza con Rockefeller comentó una vez: «[Rockefeller] deja hablar a todo el mundo mientras él espera y no dice nada».

Al preguntarle por su silencio durante las reuniones, Rockefeller solía recitar un poema:

> A wise old owl lived in an oak,
> The more he saw the less he spoke,
> The less he spoke, the more he heard,
> Why aren't we all like that wise old bird?

> [En un roble vivía una lechuza sabia.
> Cuanto más veía, menos conversaba;
> menos departía, tanto más oía:
> ¿por qué no tenemos su sabiduría?]

Rockefeller era un tipo raro. Pero descubrió algo que ahora se aplica a decenas de millones de trabajadores.

El trabajo de Rockefeller no era excavar pozos, cargar trenes o mover barriles. Era pensar y tomar buenas decisiones. El producto final de Rockefeller no era lo que hacía con sus manos, ni siquiera con sus palabras. Eran las soluciones que encontraba en su cabeza. Así que a eso es a lo que dedicaba la mayor parte de su tiempo y energía. A pesar de estar sentado callado buena parte del día en lo que podía parecer tiempo libre u horas de ocio para muchos, él estaba constantemente trabajando en su cabeza, pensando con detenimiento en problemas.

Eso era algo único en su época. En tiempos de Rockefeller, casi todos los trabajos requerían hacer cosas con las manos. En 1870, un 46 % de los trabajos eran en el sector agrícola y un 35 % eran en el sector de los oficios manuales y la manufactura, según el economista Robert Gordon. Pocas profesiones dependían de la capacidad mental del obrero. No pensabas; trabajabas con el cuerpo, sin interrupción, y tu trabajo era visible y tangible.

Hoy en día, esto se ha invertido.

Un 38 % de los trabajos ahora se etiquetan como «directivos, funcionarios y especialistas». Estos trabajos requieren toma de decisiones. Otro 41 % son trabajos en el sector servicios que a menudo dependen tanto de tus pensamientos como de tus acciones.

La mayor parte de nuestros trabajos están más cerca de Rockefeller que de un obrero industrial prototípico de los años cincuenta, lo cual significa que nuestra jornada no termina cuando fichamos y salimos de la fábrica. Estamos trabajando constantemente en nuestra cabeza, lo que hace que tengamos la sensación de que el trabajo nunca se acaba.

Si tu trabajo consiste en fabricar coches, no puedes hacer gran cosa cuando no estás en la cadena de montaje. Te desconectas de tus tareas y dejas las herramientas en la fábrica. Pero si tu trabajo es crear una campaña de publicidad —un trabajo basado en ideas y en la toma de decisiones—, tu herramienta es la cabeza, que nunca te deja. Tal vez estés pensando en tu proyecto mientras te desplazas de tu casa a la oficina, mientras preparas la cena, mientras acuestas a tus hijos o cuando te despiertas estresado a las tres de la madrugada. Quizás tu jornada laboral sea más corta de lo que hubiera sido en 1950. Pero la sensación es que estás trabajando las veinticuatro horas del día durante toda la semana.

Derek Thompson, de *The Atlantic*, una vez describió esta situación así:

> Si el equipamiento operativo en el siglo XXI es un aparato portátil, esto significa que la fábrica contemporánea no es un lugar. Es el propio día. La era de los ordenadores ha liberado las herramientas de productividad de la oficina. La mayoría de los trabajadores del conocimiento, cuyos ordenadores y móviles son máquinas portátiles de creación de contenido para toda clase de usos, pueden en teoría ser tan productivos a las dos de la tarde en la oficina principal como a las dos de la madrugada en un espacio de cotrabajo en Tokio o a medianoche sentados en el sofá.[29]

En comparación con las generaciones anteriores, ha disminuido el control de nuestro tiempo. Y, ya que controlar nuestro tiempo es un factor tan clave para ser feliz, no debería sorprendernos que la gente no se sienta muy feliz, aunque, de media, seamos más ricos que nunca.

¿Y qué hacemos ante eso?

No es un problema fácil de resolver, porque cada uno es distinto. El primer paso es sencillamente identificar qué hace —y qué no hace— feliz a casi todo el mundo.

En su libro *30 Lessons for Living* [30 lecciones para vivir], el gerontólogo Karl Pillemer entrevistó a 1.000 ancianos estadounidenses a la búsqueda de las lecciones más importantes que habían aprendido tras décadas de experiencia vital. Escribía Pillemer:

> Nadie —ni una sola persona entre mil— dijo que para ser feliz tuvieras que intentar trabajar lo más duro posible para ganar dinero y comprar las cosas que quieres.
>
> Nadie —ni una sola persona— dijo que fuera importante ser al menos tan rico como la gente que te rodea; ni que tener más dinero que ellos fuera un auténtico éxito.
>
> Nadie —ni una sola persona— dijo que debieras escoger tu trabajo basándote en el poder adquisitivo que deseas tener en el futuro.

Lo que sí valoraban eran cosas como tener amistades de calidad, formar parte de algo más grande que ellos mismos y pasar tiempo de calidad y no estructurado con sus hijos. «Tus hijos no quieren tu dinero (o lo que puedas comprar con él) ni de lejos tanto como te quieren a ti. Concretamente, te quieren tener a su lado», escribe Pillemer.

Corroborado, pues, por aquellos que lo han vivido todo: controlar tu tiempo es el mayor dividendo que reporta el dinero.

Y ahora, un breve capítulo sobre uno de los dividendos más bajos que reporta el dinero.

8.

La paradoja del hombre y el coche

A nadie le impresionan tanto
tus posesiones como a ti.

L A MEJOR PARTE de trabajar de aparcacoches es que puedes conducir algunos de los coches más espectaculares que hayan pisado nunca el asfalto. Los clientes llegaban con Ferraris, Lamborghinis, Rolls-Royces: toda la flota aristocrática.

Yo soñaba con tener uno de esos coches, porque enviaban —pensaba yo— una señal muy potente a los demás de que habías tenido éxito. De que eras inteligente. De que eras rico. De que tenías buen gusto. De que eras importante. ¡Miradme!

La ironía es que casi nunca me fijaba en ellos, en los conductores.

Cuando ves a alguien conduciendo un coche de lujo, raramente piensas: «¡Qué tipo tan genial, el que lleva ese coche!». Por el contrario, piensas: «Madre mía, si yo tuviera ese coche, la gente pensaría que soy genial». Sea de forma subconsciente o no, así es como piensa la gente.

Ahí hay una paradoja: la gente tiende a querer riqueza para convencer a los demás de que deberían quererlos y admirarlos. No obstante, en realidad las personas con las que te cruzas a menudo no te admiran, no porque no piensen que la riqueza sea algo admirable, sino porque utilizan la riqueza como un indicador de su propio deseo de ser queridos y admirados.

La carta que escribí a mi hijo cuando nació decía:

Tal vez pienses que quieres un coche caro, un reloj de lujo o una casa enorme. Pero ya te lo digo yo: no es eso lo que quieres. Lo que quieres es que los demás te respeten y te admiren; y piensas que teniendo cosas caras lo vas a conseguir. Esto casi nunca sirve, sobre todo de aquellas personas que tú quieres que te respeten y admiren.

Me di cuenta de eso trabajando de aparcacoches, cuando empecé a pensar en todas esas personas que llegaban al hotel montados en un Ferrari y me veían boquiabierto. La gente no podía evitar quedarse boquiabierta adondequiera que ellos fueran, y estoy seguro de que les encantaba. Estoy seguro de que se sentían admirados.

Pero ¿sabían que a mí ellos no me importaban, que ni siquiera me fijaba en ellos? ¿Eran conscientes de que lo que me dejaba boquiabierto era solamente su coche e imaginarme a mí mismo en el asiento del conductor?

¿Se compraron un Ferrari pensando que les traería admiración sin darse cuenta de que yo —y probablemente muchas otras personas—, que estaba impresionado con el coche, no les dedicaba a ellos, a los conductores, ni un solo segundo de mi pensamiento?

¿Es válida esta misma idea para quienes viven en grandes casas? Casi seguro que sí.

¿Y aplicada a las joyas y la ropa? También.

Lo que quiero transmitir no es que se deje de aspirar a ganar dinero. Ni a tener coches de lujo. A mí ambas cosas me gustan.

Lo que quiero decir es que uno tiene que darse cuenta de esta sutil idea: que, por regla general, la gente aspira a ser respetada y admirada por los demás, y emplear el dinero para comprar cosas lujosas puede ser menos útil a tal efecto de lo que imaginas. Si tu objetivo es conseguir respeto y admiración, ve con cuidado con cómo quieres lograrlo. La humildad, la amabilidad y la empatía te reportarán más respeto del que jamás te darán los caballos de potencia.

Pero aún no hemos acabado de hablar de Ferraris. En el próximo capítulo, otra historia sobre la paradoja de los coches rápidos.

9.

La riqueza es lo que no se ve

Gastar dinero para demostrar a la gente cuánto dinero tienes es la forma más rápida de tener menos dinero.

EL DINERO TIENE muchas ironías. He aquí una importante: la riqueza es lo que no se ve.

Trabajé de aparcacoches a mediados de la década de 2000 en Los Ángeles, un periodo en el que la apariencia material estaba por encima de todo salvo del oxígeno.

Si ves un Ferrari por la calle, puedes suponer por intuición que el propietario del vehículo es rico, aunque no le prestes mucha atención. Pero, cuando conocí a algunas de esas personas, me di cuenta de que no siempre era el caso. Muchos eran éxitos mediocres que dedicaban un porcentaje enorme de su nómina al coche.

Recuerdo a un tipo al que llamaremos Roger. Tenía más o menos la misma edad que yo. Yo no tenía ni idea de a qué se dedicaba Roger. Pero llevaba un Porsche, lo cual era suficiente para que la gente hiciera suposiciones.

Entonces un día Roger llegó con un viejo Honda. Y lo mismo la semana siguiente, y la otra.

«¿Qué fue del Porsche?», le pregunté un día. Roger contestó que había tenido que devolverlo tras no poder pagar el préstamo. No había en él ni un ápice de vergüenza. Respondió como si me estuviera contando los planes que tenía para ese día. Cualquier suposición que hubieras podido hacer sobre él era errónea. Los Ángeles está lleno de Rogers.

Alguien al que ves conduciendo un coche de 100.000 dólares puede ser rico. Pero el único dato que tienes sobre su riqueza es que tiene 100.000 dólares menos de los que tenía antes de comprar el vehículo (o una deuda de 100.000 dólares). Eso es todo lo que sabes sobre ese alguien.

Tendemos a juzgar la riqueza por lo que vemos, porque esa es la información que tenemos delante. No podemos ver la cuenta bancaria de la gente o sus negocios bursátiles. Así que nos basamos en aspectos externos para calibrar el éxito financiero. Los coches. Las casas. Las fotos de Instagram.

El capitalismo contemporáneo hace que la gente que pasa dificultades finja hasta que logra meterse en un sector bien valorado.

Pero la verdad es que la riqueza es lo que no vemos.

Riqueza son los coches que uno no adquirió. Los diamantes que uno no se compró. Los relojes que uno no lleva, las prendas a las que se ha renunciado y los asientos en primera clase que uno se ha ahorrado. Riqueza son los activos financieros que aún no se han convertido en cosas que se ven.

Y no solemos pensar en eso cuando nos imaginamos la riqueza, porque no podemos contextualizar lo que no vemos.

La cantante Rihanna estuvo a punto de declararse en quiebra tras gastar demasiado y demandó a su asesor financiero. El hombre respondió: «¿De verdad hacía falta explicarle que, si gastas dinero para comprar cosas, al final vas a tener las cosas pero no el dinero?».[30]

Te estarás riendo; y ríete, adelante. Pero la respuesta es que sí, que sí hace falta contarle eso a la gente. Cuando la mayoría de la gente dice que quiere ser millonaria, lo que quieren decir en realidad es: «Me gustaría gastar un millón de dólares». Y eso es literalmente lo contrario de ser millonario.

Una vez, el inversor Bill Mann escribió: «No hay forma más rápida de sentirse rico que gastar mucho dinero en cosas muy bonitas. Pero la manera de ser rico es gastar dinero que tienes, no dinero que no tienes. Es así de sencillo».[31]

Este es un consejo excelente, pero tal vez sea insuficiente. La única forma de ser rico es no gastar el dinero que sí tienes. No es solamente la única forma de acumular riqueza; es la definición misma de riqueza.

Deberíamos ser meticulosos y definir la diferencia entre la riqueza y el dinero. Es algo que va más allá de la semántica. No conocer esta diferencia es una fuente de un sinfín de malas decisiones monetarias.

El dinero es fruto de unos ingresos corrientes. Alguien que conduzca un coche de 100.000 dólares casi seguro que tiene dinero, porque, aunque haya comprado el coche endeudándose, hace falta un cierto nivel de ingresos para poder permitirse la mensualidad. Lo mismo ocurre con quienes viven en grandes casas. A la gente con dinero se la ve con facilidad. No suelen escatimar esfuerzos para hacerse notar.

La riqueza, en cambio, está escondida. Son ingresos no gastados. La riqueza es una opción que aún no se ha tomado de comprar algo más adelante. Su valor radica en ofrecerte opciones, flexibilidad y crecimiento para poder comprar un día más cosas de las que podrías comprar ahora mismo.

La dieta y el ejercicio nos ofrecen una analogía útil. Perder peso tiene la mala fama de ser difícil, incluso entre quienes hacen ejercicio vigoroso. En su libro *El cuerpo humano: guía para ocupantes,* Bill Bryson explica por qué:

> Un estudio realizado en Estados Unidos reveló que, en general, la gente sobreestimaba nada menos que en el cuádruple la cantidad de calorías que realmente quemaba en una sesión de ejercicio. Y a continuación consumía asimismo, como media, aproximadamente el doble de las calorías que

acababa de quemar [...]. Lo cierto es que es fácil deshacer rápidamente los efectos beneficiosos de hacer mucho ejercicio ingiriendo mucha comida, y es lo que hacemos la mayoría de nosotros.

El ejercicio es como el dinero. Uno piensa: «Ya me di un buen tute, así que ahora me merezco una buena comida». Riqueza significa renunciar a esa comilona y quemar calorías netas. Es duro y requiere autocontrol. Pero crea una brecha entre lo que podrías hacer y lo que eliges hacer que se acumula a lo largo del tiempo.

El problema para muchos de nosotros está en que es fácil encontrar modelos de personas adineradas, pero no lo es tanto encontrar a personas ricas, porque por definición su éxito está más escondido.

También hay, obviamente, personas ricas que gastan mucho dinero en cosas. Pero, incluso en esos casos, lo que vemos es su dinero, no su riqueza. Vemos los coches que eligieron comprar y quizás el colegio al que eligieron mandar a sus hijos. No vemos sus ahorros, sus planes de pensiones ni sus carteras de inversiones. Vemos las casas que se compraron, pero no las que podrían haber comprado si hubieran gastado a lo grande.

El peligro que eso entraña es que creo que la mayoría de la gente, en el fondo, quiere ser rica. Quieren tener libertad y flexibilidad, que es lo que te pueden dar los activos financieros no gastados todavía. Pero tenemos tan arraigada la idea de que tener dinero es gastar dinero que no vemos la contención que requiere ser rico de verdad. Y, como no podemos verla, es difícil aprender qué supone.

A los humanos se nos da bien aprender por imitación. Pero la naturaleza oculta de la riqueza dificulta imitar a otras personas y aprender de su manera de actuar. Al morir, Ronald Read se convirtió en el modelo en términos financieros de mucha gente. Fue mitificado por la prensa y ensalzado en las redes sociales. Pero, mientras estuvo vivo, no fue el modelo financiero de nadie, pues todos los peniques de su riqueza estaban escondidos, incluso para quienes lo conocían.

Imagínate lo difícil que sería aprender a escribir si no pudieras leer las obras de grandes autores. ¿Quién sería tu inspiración? ¿A quién admirarías? ¿Los trucos y los consejos de quién seguirías? Eso haría que algo que ya es complicado lo fuera más aún. Es difícil aprender algo que no puedes ver. Y eso explica, en parte, por qué le cuesta tanto a mucha gente acumular riqueza.

El mundo está lleno de gente que parece humilde, pero que en realidad es rica, y de gente que parece rica, pero que vive al borde de la insolvencia. Recuerda esto cuando juzgues, sin pensar, el éxito de los demás y al marcarte tus propios objetivos.

––––––––––

Si la riqueza es lo que no gastas, ¿hasta qué punto es algo bueno? Ya verás: déjame que te convenza para que ahorres.

10.

Ahorrar

El único factor que puedes controlar genera
una de las únicas cosas que importan.
¡Qué maravilla!

D ÉJAME QUE TE convenza de que ahorres dinero.
No me voy a extender.

Pero es un propósito extraño, ¿no?

¿Hace falta convencer a la gente de que ahorre?

Mi observación es que sí, que a mucha gente le hace falta.

Superado un cierto nivel de ingresos, la gente se clasifica en tres grupos: los que ahorran, los que no creen que puedan ahorrar y los que no creen que deban ahorrar.

Los consejos que siguen a continuación son para los dos últimos grupos.

La primera idea, sencilla pero fácil de pasar por alto, es que acumular riqueza poco tiene que ver con tus ingresos ni con la rentabilidad de tus inversiones, y sí tiene mucho que ver con tu índice de ahorro.

Para empezar, una breve historia sobre el poder de la eficiencia.

En los años setenta del siglo xx, parecía que el mundo se estaba quedando sin petróleo. Los cálculos no eran difíciles: la economía mundial consumía mucho petróleo, la economía mundial estaba creciendo y la cantidad de petróleo que podíamos extraer no podía seguir el ritmo.

Gracias a Dios, no nos quedamos sin petróleo. Pero no fue solo porque encontráramos más, ni siquiera porque mejoráramos la capacidad de extracción.

La principal razón por la que superamos la crisis del petróleo fue porque empezamos a construir coches, fábricas y viviendas más eficientes energéticamente que antes. Estados Unidos consume un 60 % menos de energía por dólar del PIB hoy en día que en 1950.[32] La media de litros por kilómetro consumidos por todos los vehículos que hay en las carreteras se ha reducido a la mitad desde 1975. Un Ford Taurus (sedán) de 1989 consumía de media poco más de 13 litros por cada cien kilómetros. Un Chevrolet Suburban (un todocamino descomunal) ronda los trece litros.

El mundo no aumentó su «riqueza energética» incrementando la energía que tenía, sino reduciendo la energía que necesitaba. La producción de petróleo y gas en Estados Unidos se ha incrementado en un 65 % desde 1975, mientras que la conservación y la eficiencia han duplicado con creces lo que podemos hacer con esa energía. Por tanto, es fácil ver qué ha tenido más importancia.

Lo importante es que encontrar más energía es algo que en buena medida está fuera de nuestro control y que está plagado de incertidumbres, porque depende de una mezcla de cosas difíciles de aunar, que consiste en disponer de la geología, la geografía, el tiempo y la geopolítica adecuadas. Sin embargo, incrementar la eficiencia energética está en buena medida en nuestras manos. La decisión de comprar un coche más ligero o de ir en bici depende de nosotros y tiene una probabilidad de un 100 % de mejorar la eficiencia.

Pues lo mismo puede aplicarse al dinero.

Los beneficios de las inversiones pueden hacerte rico. Pero el que una estrategia de inversión funcione, cuánto tiempo va a funcionar y que los mercados cooperen siempre está en el aire. Los resultados están plagados de incertidumbre.

Los ahorros personales y la austeridad —la conservación y la eficiencia financieras— son partes de la ecuación del dinero que están en mayor medida en tus manos y que tienen un 100 % de probabilidad de ser efectivas en el futuro tanto como lo son actualmente.

Si ves el hecho de acumular riqueza como algo que requiere más dinero o unos grandes réditos de la inversión, quizás te vuelvas tan pesimista como los catastrofistas energéticos de los años setenta. El camino que tienes por delante se ve duro y alejado de tu control.

Si lo ves como algo que depende de tu propia austeridad y eficiencia, el destino está más claro.

La riqueza no es más que las sobras acumuladas después de gastar lo que has ganado. Y, ya que puedes acumular riqueza sin tener unos ingresos elevados, pero no tienes la opción de acumular riqueza sin un índice de ahorro alto, está claro qué tiene más importancia.

Y, más importante aún, el valor de la riqueza es relativo a lo que necesitas.

Pongamos que tú y yo tenemos el mismo patrimonio neto.

Y pongamos que tú eres mejor inversor que yo. Yo puedo obtener una rentabilidad de un 8 % anual y tú puedes ganar un 12 % al año.

Sin embargo, yo soy más eficiente con mi dinero. Pongamos que yo necesito la mitad del dinero que tú para ser feliz, mientras que tu estilo de vida aumenta al mismo ritmo que tus activos.

Pues yo estoy mejor que tú, a pesar de ser peor inversor. Yo obtengo unos mayores beneficios de mis inversiones pese a tener una rentabilidad más baja.

Lo mismo vale para los ingresos. Aprender a ser feliz con menos dinero crea una diferencia entre lo que tienes y lo que quieres: similar a la brecha que obtienes al aumentar el sueldo, pero que es más fácil de conseguir y que está en mayor medida bajo tu control.

Un alto índice de ahorro significa tener menos gastos de los que podrías tener, y tener menos gastos significa que tus ahorros pueden aumentar más de lo que lo harían si gastaras más.

Piensa en esto en el contexto de cuánto tiempo y esfuerzo requiere conseguir un rendimiento extra de un 0,1 % en tus inversiones anuales —millones de horas de investigación, decenas de miles de millones de dólares de esfuerzo de profesionales— y es fácil ver qué es potencialmente más importante o qué merece más la pena alcanzar.

Hay inversores profesionales que se matan 80 horas a la semana para añadir una décima parte de un punto porcentual a sus beneficios, cuando hay un exceso de dos o tres puntos porcentuales en sus finanzas atribuible a su estilo de vida que puede explotarse con menos esfuerzo.

Es genial conseguir una elevada rentabilidad en la inversión y tener un sueldo alto, y hay quien lo logra. Pero el hecho de que se dediquen tantos esfuerzos a un lado de la ecuación financiera y tan pocos al otro representa una oportunidad para la mayoría de la gente.

Superado un cierto nivel de ingresos, lo que necesitas es sencillamente lo que está por debajo de tu ego.

Todo el mundo necesita lo básico. Una vez que el primer nivel de necesidades esenciales está cubierto, viene otro nivel básico de comodidad y, una vez alcanzado este, está un tercer nivel básico que incluye la comodidad, el entretenimiento y la formación.

No obstante, gastar por encima de un nivel bastante bajo de materialismo es en la mayoría de los casos un reflejo de que el ego se acerca a los ingresos, una forma de gastar dinero para demostrar a los demás que tienes (o tenías) dinero.

Si lo piensas de esta forma, te vas a percatar de que una de las maneras más potentes de acrecentar tus ahorros no es aumentando el sueldo. Es aumentando la humildad.

Cuando defines los ahorros como la diferencia entre tu ego y tus ingresos te das cuenta de por qué mucha gente con unos ingresos decentes ahorra tan poco. Es una lucha diaria contra los instintos de abrir tu plumaje de pavo real hasta sus límites y aguantar así siguiendo el ritmo de los demás, que hacen lo mismo.

Las personas que gozan de un éxito financiero personal duradero, que no son necesariamente las que tienen unos ingresos más elevados, tienden a ser propensas a que les importe un bledo lo que los demás piensen de ellas.

Por tanto, la capacidad de gastar de la gente está más en sus manos de lo que podrían pensar.

Se pueden generar ahorros gastando menos.

Puedes gastar menos si deseas menos.

Y vas a desear menos si te importa menos lo que los demás piensen de ti.

Como defiendo con frecuencia en este libro, el dinero depende más de la psicología que de las finanzas.

Y no tienes por qué tener un motivo concreto para ahorrar.

Hay gente que ahorra pensando en el pago inicial de una casa, o en el de un coche, o para la jubilación.

Eso está genial, por supuesto.

Pero ahorrar no requiere el objetivo de comprar algo específico.

Puedes ahorrar por ahorrar. Y, desde luego, deberías hacerlo. Todo el mundo debería hacerlo.

Ahorrar exclusivamente para un objetivo concreto tiene sentido en un mundo predecible. Pero el nuestro no lo es. Ahorrar es una cobertura contra la inevitable capacidad de la vida de sorprenderte lo que no está escrito en el peor momento posible.

Otro beneficio de tener ahorros que no está vinculado a un objetivo es lo que tratamos en el capítulo 7: obtener más control sobre tu tiempo.

Todo el mundo sabe las cosas tangibles que se pueden comprar con dinero. Lo intangible es más difícil de concebir; por eso suele pasar desapercibido. Pero los beneficios intangibles del dinero pueden ser mucho más valiosos y capaces de incrementar tu felicidad que las cosas tangibles, que son objetivos obvios de tus ahorros.

Los ahorros no derivados de un objetivo concreto te dan opciones y flexibilidad, la posibilidad de esperar y la oportunidad de dar un salto en la vida. Te dan tiempo para pensar. Te permiten cambiar de rumbo como a ti te apetezca.

Cada pequeña porción de ahorros es como agarrar un punto del futuro que habría sido propiedad de otra persona y recuperarlo para ti.

Esa flexibilidad y control sobre tu tiempo es un beneficio invisible de la riqueza.

¿Qué nivel de rentabilidad te reporta el dinero que tienes depositado en el banco y que te da la opción potencial de cambiar de carrera profesional, de jubilarte anticipadamente o de vivir sin preocupaciones?

Yo diría que no se puede calcular.

Es incalculable por dos aspectos. Por un lado, su valor es tan elevado e importante que no se le puede poner un precio. Pero, por el otro, también es literalmente incalculable —no podemos medir esa rentabilidad de la misma forma en que medimos los tipos de interés— y lo que no podemos medir solemos ignorarlo.

Cuando no tienes control sobre tu tiempo, te ves obligado a aceptar la mala suerte que se te cruza en el camino. Pero, si tienes flexibilidad, tienes tiempo para esperar a que se te presenten buenas oportunidades. Esa es la rentabilidad escondida de tus ahorros.

Los ahorros que tienes en el banco que te reporten un interés de un 0 % pueden generar, de hecho, una rentabilidad extraordinaria si te dan la flexibilidad para coger un trabajo con un sueldo más bajo pero que tenga más sentido para ti, o para esperar oportunidades de inversión que llegan cuando quienes no tienen flexibilidad se desesperan.

Y esa rentabilidad escondida está cobrando importancia.

Antes el mundo era hiperlocal. Hace un poco más de cien años, el 75 % de los estadounidenses no tenían ni teléfono ni servicio de correos regular, según el historiador Robert Gordon. Eso hacía que la competencia fuera hiperlocal. Un trabajador con una inteligencia media podía ser el mejor de su ciudad, y a esas personas se las consideraba las mejores porque no tenían que competir con un trabajador más listo de otra población.

Ahora eso ha cambiado.

El mundo actual, hiperconectado, implica que la bolsa de talento en la que compites ha pasado de los cientos o miles de personas que residían en tu ciudad a los millones o miles de millones que pueblan el mundo. Esto es especialmente cierto para los trabajos que consisten en trabajar con la cabeza y no con los músculos: la educación, el *marketing*, el análisis, la consultoría, la contabilidad, la programación, el periodismo e incluso la medicina compiten cada vez más dentro del conjunto del talento internacional. A medida que la digitalización elimine las fronteras mundiales —o, como dijo el inversor Marc Andreesen, que «el software se coma el mundo»—, más ámbitos profesionales entrarán en esta categoría.

Una pregunta que deberías hacerte a medida que se expande la competencia es: «¿Cómo puedo destacar?».

«Soy una persona inteligente» es cada vez más una mala respuesta a esa pregunta, pues en el mundo hay un montón de personas inteligentes. Casi 600 personas bordan cada año las pruebas SAT, los exámenes de acceso a la universidad en Estados Unidos. Otras 7.000 sacan una buena puntuación. En un mundo globalizado en el que quien gana se lo lleva todo, esas personas son cada vez más tus competidores directos.

La inteligencia no es una ventaja fiable en un mundo tan conectado como el nuestro.

Pero la flexibilidad sí lo es.

En un mundo donde la inteligencia es hipercompetitiva y muchas habilidades técnicas previas se han automatizado, las ventajas competitivas tienden a encontrarse en habilidades conductuales y con más matices, como la comunicación, la empatía y, tal vez por encima de todas, la flexibilidad.

Si tienes flexibilidad, puedes esperar a que lleguen buenas oportunidades, tanto en tu vida profesional como para tus inversiones. Tendrás mejores opciones de poder aprender una nueva aptitud cuando sea necesario. Sentirás menos urgencia de perseguir a competidores que pueden hacer cosas que tú no puedes hacer, y tendrás más margen para encontrar tu pasión y tu área de interés a tu ritmo. Puedes encontrar una nueva rutina, un ritmo más lento, y pensar en la vida partiendo de unos supuestos distintos. La posibilidad de hacer esas cosas cuando la mayoría no pueda es uno de los pocos aspectos que te va a distinguir en un mundo en el que la inteligencia ya no es una ventaja sostenible.

Tener un mayor control sobre tu tiempo y disponer de más opciones se está convirtiendo en una de las monedas más valiosas del mundo.

Por eso más gente puede, y más gente debería, ahorrar dinero.

¿Sabes qué más deberías hacer? Dejar de intentar ser tan racional. Y déjame que te cuente por qué.

11.

Mejor razonable que racional

Tratar de ser más bien razonable funciona mejor que intentar ser fríamente racional.

No ERES UNA hoja de cálculo. Eres una persona. Una persona jodida y con emociones.

Me costó un tiempo darme cuenta de eso, pero en cuanto hice el clic, me percaté de que esa es una de las partes más importantes de las finanzas.

Y con ella viene aparejada una cosa que solemos pasar por alto: no intentes ser fríamente racional al tomar decisiones financieras. Trata de ser solo bastante razonable. Ser razonable es más realista y tienes una mayor probabilidad de mantener esta actitud a largo plazo, que es lo que más importa al gestionar el dinero.

Para mostrarte lo que quiero decir, déjame que te cuente la historia de un tipo que intentó curar la sífilis con la malaria.

Julius Wagner-Jauregg fue un psiquiatra del siglo XIX que contaba con dos habilidades únicas: se le daba bien identificar patrones, y lo que otros consideraban «una locura», para él era mera «audacia».

Su especialidad eran los pacientes con neurosífilis grave, en aquel entonces una enfermedad letal contra la que no se disponía de ningún tratamiento. Empezó a reconocer un patrón: los pacientes de sífilis tendían a recuperarse si habían tenido la mala suerte de tener fiebre prolongada como consecuencia de una afección no relacionada.

Wagner-Jauregg supuso que aquello se debía a una intuición que había estado ahí durante siglos, pero que los médicos no comprendían bien: la fiebre juega un papel importante ayudando al cuerpo a combatir las infecciones.

Así que sacó la conclusión lógica.

A principios del siglo xx, Wagner-Jauregg comenzó a inyectar a algunos pacientes cepas poco peligrosas de la fiebre tifoidea, de la malaria y de la viruela para provocarles una fiebre lo bastante intensa como para terminar con su sífilis. Eso era tan peligroso como puede uno imaginarse. Algunos de sus pacientes murieron por culpa del tratamiento. El doctor finalmente se quedó con una versión leve de la malaria, ya que podía contrarrestarse con efectividad con quinina tras unos cuantos días de fiebre terrible.

Después de algunos casos trágicos de ensayo y error, su experimento funcionó. Wagner-Jauregg informó de que seis de cada diez pacientes de sífilis tratados con «malarioterapia» se recuperaban, en comparación con los cerca de tres de cada diez que se curaban si no se aplicaba el tratamiento. Ganó el Premio Nobel de Medicina en 1927. Actualmente, la institución sueca indica: «La principal obra que ocupó a Wagner-Jauregg a lo largo de su vida profesional fue el empeño por curar enfermedades mentales provocando fiebre».[33]

Finalmente, la penicilina hizo que la malarioterapia para los pacientes de sífilis quedara, gracias a Dios, obsoleta. Pero Wagner-Jauregg es uno de los únicos médicos de la historia que no solo reconoció el papel de la fiebre para combatir las infecciones, sino que también lo prescribió como tratamiento.

La fiebre siempre ha sido algo tan temido como misterioso. Los antiguos romanos veneraban a Febris, la diosa que protegía a la gente de la fiebre. En los templos se dejaban amuletos para aplacarla, con la esperanza de prevenir la siguiente tanda de escalofríos.

No obstante, Wagner-Jauregg había descubierto algo. La fiebre no es una molestia accidental. Sí que juega un papel importante en el camino del cuerpo hacia la recuperación. Ahora tenemos pruebas mejores y más científicas de la utilidad de la fiebre para combatir las infecciones. Se ha demostrado que un incremento de un grado en la temperatura del cuerpo ralentiza el índice de reproducción de algunos virus por un factor de 200. «Numerosos investigadores han identificado un mejor resultado entre pacientes que presentaron fiebre», se afirma en un artículo de los Institutos Nacionales de Salud (NIH, por sus siglas en inglés) de Estados Unidos.[34] El Hospital Infantil de Seattle contiene una sección en su sitio web para instruir a los padres que puedan entrar en pánico al mínimo aumento de la temperatura de su hijo: «La fiebre pone en marcha el sistema inmunitario del organismo. Contribuye a que el organismo combata las infecciones. Una fiebre normal, de entre 37,5°C y 40°C, es algo bueno para un niño enfermo».[35]

Pero aquí es donde termina la ciencia y empieza la realidad.

La fiebre es considerada casi universalmente como algo malo. Se trata con medicamentos como el paracetamol para que baje tan deprisa como ha aparecido. A pesar de millones de años de evolución actuando como mecanismo de defensa, ningún padre, ningún paciente, pocos médicos y por supuesto ninguna compañía farmacéutica ven la fiebre sino como un percance que hay que eliminar.

Esos puntos de vista no se corresponden con los conocimientos científicos. Un estudio lo expresaba sin tapujos: «El tratamiento de la fiebre es común en las ucis y probablemente esté más relacionado con creencias arraigadas que con una práctica basada en los datos».[36] Howard Markel, director del Centro para la Historia de la Medicina, dijo una vez con respecto a la fobia ante la fiebre: «Hay prácticas culturales que se propagan tanto como las enfermedades infecciosas que hay detrás de ellas».[37]

¿Por qué ocurre esto? Si la fiebre es beneficiosa, ¿por qué la combatimos de manera tan universal?

Creo que no es difícil entender por qué: la fiebre duele. Y a la gente no le gusta sentir dolor.

Eso es todo.

El objetivo de un médico no es solo curar la enfermedad. Es curar la enfermedad dentro de los límites de lo que es razonable y tolerable para el paciente. La fiebre puede traer beneficios marginales para combatir las infecciones, pero provoca dolor. Y uno va al médico para que le alivien el dolor. ¿Qué más le dan a uno los estudios de doble ciego cuando está tiritando bajo las sábanas? Si tenéis una pastilla que puede poner fin a la fiebre, dádmela ya.

Puede ser racional querer tener fiebre al padecer una infección. Pero no es razonable.

Esta filosofía —tratar de ser razonable en vez de racional— es una mentalidad que más gente debería tener en cuenta al tomar decisiones vinculadas a su dinero.

———

Las finanzas académicas están dedicadas a encontrar las estrategias de inversión óptimas en términos matemáticos. Mi teoría, no obstante, es que, en el mundo real, la gente no quiere la estrategia óptima matemáticamente. Quiere la estrategia que maximice lo bien que van a dormir por la noche.

Harry Markowitz ganó el Premio Nobel por explorar el equilibrio matemático entre riesgo y beneficios. Una vez le preguntaron cómo invertía su dinero, y él describió la distribución de su cartera en los años cincuenta, cuando desarrolló sus primeros modelos:

> Visualicé lo mucho que me arrepentiría si el mercado bursátil subía y yo no estaba en él. O si bajaba y yo estaba metido hasta el fondo. Mi intención era minimizar mi arrepentimiento futuro. Así que dividí mis inversiones en igual proporción entre bonos y acciones.

Markowitz finalmente cambió de estrategia inversora y diversificó sus inversiones. Pero de sus palabras cabe destacar dos cosas.

Una es que «minimizar arrepentimientos futuros» es algo difícil de racionalizar sobre el papel, pero fácil de justificar en la vida real. Un inversor racional toma decisiones basándose en hechos numéricos. Un inversor razonable las toma en una sala de reuniones rodeado de compañeros de trabajo que quiere que tengan una buena opinión de él, junto a una esposa a la que no quiere decepcionar, o pensando en los competidores estúpidos pero realistas que son su cuñado, su vecino y sus propias dudas personales. Invertir tiene un componente social que a menudo se ignora cuando se observa a través de una óptica estrictamente financiera.

La segunda es que *esto ya está bien*. Jason Zweig, autor de la entrevista en la que Markowitz contó cómo invertía, hizo posteriormente esta reflexión:

> Mi opinión es que la gente no es ni racional ni irracional. Somos humanos. No nos gusta pensar más de lo necesario, y continuamente aparecen elementos que reclaman nuestra atención. Visto desde este punto de vista, no ha de sorpren-

der que el pionero de la teoría moderna de carteras construyera la suya inicial teniendo tan poco en cuenta sus propias investigaciones. Ni tampoco es sorprendente que se ajustara a ellas más adelante.[38]

Markowitz no es ni racional ni irracional. Es razonable.

Lo que con frecuencia se ignora en las finanzas es que algo puede ser técnicamente cierto, pero contextualmente absurdo.

En 2008 dos investigadores de Yale publicaron un estudio en el que sostenían que los jóvenes ahorradores sobrecargaban sus planes de pensiones usando un margen de dos a uno (dos dólares de deuda por cada dólar de su propio dinero) al comprar acciones. Esto indica que los inversores reducen el apalancamiento a medida que envejecen, lo que permite a los ahorradores asumir más riesgos cuando son jóvenes y manejar mayores turbulencias en el mercado, y menos riesgos cuando son viejos.

Aunque apostar por el apalancamiento te dejara sin blanca cuando eras joven (si usas un margen de dos a uno, una caída del mercado de un 50 % te deja sin nada), los investigadores demostraron que los ahorradores estarían de todos modos mejor financieramente a la larga siempre que se repusieran, siguieran el plan y continuaran ahorrando en una cuenta apalancada de dos a uno al día siguiente de quedar arruinados.

Esta aritmética cuadra sobre el papel. Es una estrategia racional.

Pero es irrazonable hasta unos límites casi absurdos.

Una persona normal no podría soportar ver cómo se esfuma el 100 % de su plan de pensiones y mantener la calma hasta el punto de seguir adelante con la estrategia. Cualquier persona normal abandonaría, buscaría otra opción y tal vez demandaría a su asesor financiero.

Los investigadores argumentaban que, usando su estrategia, «la riqueza previsible en la jubilación es un 90 % mayor en comparación con los fondos "de ciclo de vida"». Y es, a la vez, una estrategia un 100 % menos razonable.

———

Existe, de hecho, un motivo racional para dar preferencia a lo que parecen decisiones irracionales.

Aquí tienes uno: pongamos que te encantan tus inversiones.

Este no es un consejo tradicional. Es casi una insignia de honor de los inversores afirmar que no los afectan las emociones sobre sus inversiones, porque esta actitud parece racional.

No obstante, si la falta de emociones con respecto a tu estrategia o a las acciones de las que eres propietario hace aumentar la probabilidad de que las abandones en cuanto la situación se complique, lo que parece una mentalidad racional se convierte en un lastre. Los inversores razonables a quienes les encantan sus estrategias técnicamente imperfectas tienen una ventaja, pues es más probable que se mantengan fieles a dichas estrategias.

Hay pocas variables financieras más correlacionadas con el rendimiento que el compromiso con una estrategia durante los años de vacas flacas: tanto el grado de rendimiento como la probabilidad de alcanzarlo durante un periodo determinado. La probabilidad histórica de ganar dinero en los mercados de Estados Unidos es de un 50 % en periodos de un día, de un 68 % en periodos de un año, de un 88 % en periodos de diez años y (hasta la fecha) de un 100 % en periodos de veinte años. Cualquier cosa que evite que abandones la partida tiene una ventaja cuantificable.

Si interpretas el lema «Haz lo que te encanta» como una guía para tener una vida más feliz, suena como un consejo vacío de una galleta de la fortuna. Si lo ves como algo que te proporciona la capacidad de resistencia necesaria para poner a tu favor la probabilidad cuantificable de alcanzar el éxito financiero, entonces te das cuenta de que debería ser la parte más importante de cualquier estrategia financiera.

Si inviertes en una compañía prometedora que te importa un comino, puede que disfrutes cuando todo va bien. Pero cuando, inevitablemente, cambie la tendencia, te verás de golpe perdiendo dinero por algo que no te interesa en absoluto. Es una doble carga, y la opción más fácil es pasar a otra cosa. Si te apasiona la empresa de entrada —te gusta su misión, su producto, el equipo, la ciencia que hace, lo que sea—, los tiempos inevitables de adversidades, cuando estés perdiendo dinero o la empresa necesite ayuda, quedarán compensados por el hecho de que por lo menos sentirás que formas parte de algo que para ti es importante. Esta puede ser la motivación necesaria que impida que te des por vencido y que inviertas en otra cosa.

Hay varias ocasiones más en las que está bien ser razonable en vez de racional con el dinero.

Hay un «sesgo nacional» bien documentado según el cual la gente prefiere invertir en empresas del país en el que vive al tiempo que ignora al otro 95 % (o más) del planeta. No es racional, hasta que tomas en consideración que invertir es, de hecho, dar dinero a desconocidos. Si la familiaridad te ayuda a dar el salto de fe necesario para seguir apoyando a esos desconocidos, entonces es razonable.

La negociación intradía y la elección de acciones individuales no es un proceso racional para la mayoría de los inversores; hay una gran probabilidad de fracasar. Pero tanto lo uno como lo otro son acciones razonables en pequeñas cantidades si satisfacen tu prurito de apostar y así dejas en paz el resto de tus inversiones más diversificadas. El inversor Josh Brown, que aboga por los fondos diversificados y tiene en propiedad sobre todo fondos de esta clase, explicó una vez por qué también tiene unas pocas acciones individuales: «No compro acciones individuales porque piense que vayan a generar un alfa [beneficios por encima del mercado]. Sencillamente me encantan las acciones y tengo desde que tenía veinte años. Y es mi dinero, y hago con él lo que quiero». Perfectamente razonable.

La mayoría de los pronósticos sobre la evolución futura de la economía y el mercado bursátil son terribles, pero hacer pronósticos es algo razonable. Es difícil levantarse por la mañana y decirse a uno mismo que no tienes ni idea de qué te va a deparar el futuro, aunque eso sea cierto. Actuar basándote en los pronósticos de inversión es peligroso. Pero entiendo por qué la gente intenta predecir qué va a ocurrir el año que viene. Forma parte de la naturaleza humana. Es razonable.

Jack Bogle, el fundador de Vanguard fallecido en 2019, dedicó su carrera a una cruzada para promover la inversión pasiva a bajo coste. A muchas personas les pareció interesante que su hijo encontrara su vocación como gestor activo de fondos mutualistas y de fondos de inversión libre con elevados honorarios. Bogle, el hombre que dijo que los fondos con elevados honorarios infringían «las humildes leyes de la aritmética», invirtió parte de su propio dinero en los fondos de su hijo. ¿Cuál es la explicación?

«Algunas cosas las hacemos por motivos familiares —dijo Bogle en declaraciones al *Wall Street Journal*—. ¿Que no es coherente? Pues mire usted, la vida no siempre es coherente.»[39]

Desde luego, casi nunca lo es.

12.

¡Sorpresa!

La historia es el estudio del cambio;
irónicamente, no obstante, se usa como un
mapa del futuro.

E L PROFESOR DE la Universidad de Stanford Scott Sagan dijo una vez algo que cualquiera que siga la economía o los mercados de inversión debería colgar en la pared de su habitación: «Continuamente pasan cosas que no habían ocurrido nunca».

La historia es sobre todo el estudio de los eventos sorprendentes. Pero los inversores y los economistas a menudo la utilizan como una guía incuestionable del futuro.

¿Ves la ironía?

¿Ves el problema?

Es inteligente tener un conocimiento en profundidad de la historia económica y de las inversiones. La historia nos ayuda a calibrar nuestras expectativas, a estudiar cuánta gente tiende a equivocarse, y nos brinda una guía aproximada de lo que suele funcionar. Pero no es, de ninguna forma, un mapa del futuro.

Una trampa en la que caen muchos inversores es lo que yo llamo la falacia de «ver a los historiadores como profetas»: consiste en fiarse demasiado de los datos del pasado y verlos como un indicio de condiciones futuras en un ámbito en el que la innovación y el cambio son la savia del progreso.

No se puede culpar a los inversores por ello. Si partimos de la base de que invertir es una ciencia dura, entonces la historia debería ser una guía perfecta del futuro. Los geólogos pueden observar datos históricos de hace mil millones de años y elaborar modelos de cómo se comporta la Tierra. Y lo mismo pueden hacer los meteorólogos. Y los médicos: los riñones funcionan de igual manera en 2020 a como lo hacían en el año 1020.

Sin embargo, invertir no es una ciencia dura. Es una inmensa multitud de personas tomando decisiones imperfectas con una información limitada sobre cosas que tendrán unos efectos enormes en su bienestar, lo que puede hacer que incluso personas inteligentes se pongan nerviosas o se vuelvan avariciosas y paranoicas.

El gran físico Richard Feynman dijo una vez: «Imaginaos lo mucho más difícil que sería la física si los electrones tuvieran sentimientos». Pues bien, los inversores tienen sentimientos. Y tienen bastantes. Por eso cuesta predecir cómo van a actuar únicamente sobre la base de lo que hicieron antes.

La piedra angular de la economía es que con el tiempo las cosas cambian, porque la mano invisible no soporta que algo se mantenga ni demasiado bien ni demasiado mal indefinidamente. El inversor Bill Bonner describió una vez cómo funciona el «señor Mercado»: «Viste una camiseta en la que pone "Atención: obras por capitalismo" y lleva un mazo en la mano». Hay pocas cosas que permanezcan inalterables durante mucho tiempo, lo cual significa que no podemos tratar a los historiadores como profetas.

El factor más importante en cualquier aspecto vinculado al dinero son las historias que las personas se cuentan a sí mismas y las preferencias que tienen en cuanto a bienes y servicios. Esas cosas no tienden a permanecer iguales. Cambian con la cultura y las generaciones. Siempre están cambiando y siempre van a cambiar.

La trampa mental que nos ponemos a nosotros mismos es admirar en exceso a las personas que han estado en tal sitio o han hecho tal cosa en cuestiones financieras. Haber experimentado hechos concretos no te capacita necesariamente para saber qué es lo que va a ocurrir a continuación. De hecho, casi nunca lo hace, porque la experiencia lleva a tener un exceso de confianza más que a desarrollar la habilidad de hacer pronósticos.

En una ocasión, el inversor Michael Batnick explicó esto muy bien. Al presentarle el argumento de que pocos inversores están preparados para que aumenten los tipos de interés porque nunca han vivido esa situación —el último gran periodo en que los tipos de interés aumentaron tuvo lugar hace casi cuarenta años—, él defendió que no tenía importancia, porque experimentar o siquiera estudiar lo que sucedió en el pasado podía no ser útil como una guía de lo que va a ocurrir cuando los intereses aumenten en el futuro:

> ¿Y qué? ¿El tipo actual subirá como la última vez o como la penúltima? ¿Distintas clases de activos se comportarán de forma parecida, de la misma forma o todo lo contrario?
>
> Por un lado, la gente que ha invertido durante los sucesos de los años 1987, 2000 y 2008 ha experimentado muchos mercados distintos. Pero, por el otro, ¿no es posible que esa experiencia les dé un exceso de confianza? ¿La incapacidad para admitir que se equivocaron? ¿Que se queden anclados en resultados anteriores?

Ocurren dos cosas peligrosas cuando te fías demasiado de la historia de la inversión como guía para prever lo que va a ocurrir a continuación.

1. Es probable que pases por alto los sucesos marginales que son más determinantes.

Los sucesos más importantes de los datos históricos son los casos únicos, los eventos excepcionales. Son esos sucesos los que determinan el rumbo de la economía y del mercado bursátil. La Gran Depresión. La Segunda Guerra Mundial. La burbuja de las puntocom. El 11 de Septiembre. La burbuja inmobiliaria de mediados de los 2000. Un puñado de sucesos únicos tienen una relevancia enorme porque cuando ocurren influyen en muchos eventos ajenos.

En los siglos xix y xx nacieron 15.000 millones de personas. Pero intenta imaginar lo diferente que sería hoy en día la economía mundial, y el mundo entero, si solo siete de ellas no hubieran existido:

- Adolf Hitler
- Joseph Stalin
- Mao Zedong
- Gavrilo Princip
- Thomas Edison
- Bill Gates
- Martin Luther King

Ni siquiera estoy seguro de que esta sea la lista más significativa. Pero casi todo lo que constituye el mundo actual, desde las fronteras hasta la tecnología, pasando por las normas sociales, sería distinto si esas siete personas no hubieran dejado su huella en él. Otra manera de expresarlo es decir que el 0,00000000004 % de las personas fueron responsables de quizás la mayor parte del rumbo del mundo durante el siglo pasado.

Y puede decirse lo mismo de los proyectos, las innovaciones y los sucesos. Imagínate el siglo pasado sin:

- La Gran Depresión
- La Segunda Guerra Mundial
- El proyecto Manhattan

- Las vacunas
- Los antibióticos
- ARPANET
- El 11 de Septiembre
- La caída de la Unión Soviética

¿Cuántos proyectos y sucesos tuvieron lugar en el siglo xx? Miles de millones, o billones; quién sabe. Pero esos ocho por sí solos tuvieron un efecto sobre el orden del mundo muy superior a cualquier otro.

Lo que hace que los sucesos extremos sean fáciles de infravalorar es lo fácil que es subestimar el poder de la acumulación. ¿Cómo, por ejemplo, el 11S llevó a la Reserva Federal a reducir los tipos de interés, lo cual contribuyó a impulsar la burbuja inmobiliaria, lo que condujo a la crisis financiera, lo cual tuvo como resultado un mercado laboral deficiente, lo que condujo a decenas de millones de personas a intentar conseguir formación universitaria, lo cual desembocó en 1,6 billones de dólares de préstamos universitarios con una tasa de impago de un 10,8 %? Va contra la intuición vincular a 19 terroristas con la cantidad actual de préstamos universitarios, pero eso es lo que ocurre en un mundo determinado por unos pocos sucesos excepcionales.

La mayor parte de lo que sucede en un instante concreto en la economía mundial puede vincularse a unos cuantos sucesos pasados que eran casi imposibles de pronosticar.

El argumento más habitual de la historia económica es la importancia de las sorpresas. El motivo por el cual se producen sorpresas no es que nuestros modelos sean erróneos o que seamos poco inteligentes. Se debe a que la probabilidad de que los padres de Adolf Hitler discutieran por la noche nueve meses antes de que él naciera es la misma que la de que engendraran un hijo. La tecnología es difícil de predecir porque Bill Gates podría haber muerto de polio si Jonas Salk se hubiese puesto de mal humor y hubiese abandonado sus trabajos para encontrar una vacuna. El motivo por el que no pudimos prever el crecimiento de los préstamos universitarios es porque un guardia de seguridad de un aeropuerto no pudo confiscar el cuchillo de un terrorista el 11 de Septiembre. Y eso es todo.

El problema es que, al reflexionar sobre la futura rentabilidad de las inversiones, a menudo usamos eventos como la Gran Depresión o la Segunda Guerra Mundial para orientar nuestras opiniones sobre situaciones catastróficas. Pero esos eventos excepcionales no tenían ningún precedente cuando ocurrieron. Por tanto, el pronosticador que supone que los peores (y los mejores) sucesos del pasado se corresponderán con los peores (y los mejores) sucesos del futuro no está siguiendo la historia; está suponiendo erróneamente que la historia de los hechos sin precedentes no se aplica al futuro.

Nassim Taleb escribe en su libro *¿Existe la suerte?*:

En el Egipto de los faraones [...] los escribas llevaban un registro del nivel máximo que habían alcanzado las aguas del Nilo y lo usaban como una estimación para posibles escenarios catastróficos futuros. Eso mismo puede verse en el reactor nuclear de Fukushima, que sufrió un fallo catastrófico en 2011 cuando se produjo un tsunami. Había sido construido para resistir al peor terremoto de la historia, y los constructores no podían imaginarse algo peor. Pero no pensaron que el peor suceso del pasado tuvo que ser una sorpresa, ya que no tenía ningún precedente.

Esto no es por falta de análisis. Es por falta de imaginación. Darse cuenta de que el futuro podría no ser igual que el pasado es una habilidad especial que en general no es muy valorada por la comunidad de los pronosticadores financieros.

En una cena a la que asistí en 2017 en Nueva York, a Daniel Kahneman le preguntaron cómo deberían responder los inversores cuando nuestros pronósticos son erróneos. Él dijo:

Cuando nos sorprende algo, aunque admitamos que hemos cometido un error, decimos: «Ah, pues nunca más voy a cometer ese mismo error». Pero, en realidad, lo que deberíamos aprender cuando cometemos un error porque no anticipamos algo es que es difícil anticiparse al mundo. Esta es la lección acertada que hay que aprender de las sorpresas: que el mundo está lleno de sorpresas.

La lección acertada que hay que aprender de las sorpresas es que el mundo está lleno de sorpresas. No que deberíamos usar las sorpresas pasadas como guía de los límites del futuro, sino que las sorpresas pasadas deberían llevarnos a admitir que no tenemos ni idea de lo que podría ocurrir en el futuro.

Los sucesos económicos más importantes del futuro —las cosas que van a ser más determinantes— son cosas para las que la historia no nos ofrece ninguna guía. Serán eventos sin precedentes. Su naturaleza sin precedentes significa que no estaremos preparados para ellos, y eso es lo que los hace, en parte, tan determinantes. Esto vale tanto para los sucesos horribles, como las recesiones y las guerras, como para los sucesos magníficos, como las innovaciones.

Tengo confianza en esa predicción porque las sorpresas más determinantes de la historia son el único pronóstico que ha sido preciso en prácticamente cualquier momento de la cronología del mundo.

2. La historia puede ser una guía engañosa del futuro de la economía y del mercado de valores porque no tiene en cuenta los cambios estructurales que son relevantes para el mundo de hoy.

Recordemos algunos de los grandes cambios.

El plan de jubilación 401(k) tiene cuarenta y dos años de historia. El plan IRA Roth es más joven; fue creado en los años noventa. Por tanto, el asesoramiento y el análisis financiero sobre cómo los estadounidenses ahorran para la jubilación hoy en día no es directamente comparable con lo que tenía sentido hace tan solo una generación. Tenemos nuevas opciones. Las cosas han cambiado.

O fijémonos en el capital riesgo. Hace veinticinco años prácticamente no existía. Hoy en día existen fondos de capital riesgo de unas dimensiones mayores de lo que representaba el sector entero hace una generación.[40] En sus memorias, el fundador de Nike, Phil Knight, habló de sus primeras etapas en el negocio:

> No había nada parecido al capital riesgo. Un joven emprendedor con ambición tenía pocos sitios a los que acudir, y esos sitios estaban todos protegidos por unos guardianes reacios al riesgo y con una imaginación nula. En otras palabras, banqueros.

Lo que esto significa, en efecto, es que todos los datos históricos que se remontan a unas cuantas décadas atrás sobre la financiación de las empresas emergentes están desfasados. Lo que sabemos acerca de los ciclos de inversión y el índice de fracaso de las *start-ups* no es una base histórica sólida de la que podamos aprender, porque la manera como se financian hoy en día las empresas es un paradigma nuevo en la historia.

O pensemos en los mercados de valores. El S&P 500 no incluyó acciones del sector financiero hasta 1976; actualmente, las acciones de este sector representan un 16 % del índice. Las acciones de empresas tecnológicas eran casi inexistentes hace cincuenta años. Hoy en día suponen más de una quinta parte del índice. La normativa contable ha cambiado con el tiempo. Como también lo han hecho la transparencia, las auditorías y la cantidad de liquidez de los mercados. Las cosas han cambiado.

El lapso entre recesiones en Estados Unidos ha cambiado drásticamente durante los últimos ciento cincuenta años:

La economía estadounidense en recesión

| 1854 | 1876 | 1897 | 1918 | 1940 | 1961 | 1982 | 2004 |

El tiempo medio entre recesiones ha aumentado de cerca de dos años a finales del siglo XIX a cinco años a principios del siglo XX, y hasta los ocho años durante el último medio siglo.

En el momento de escribir este libro, estamos entrando en recesión. Han pasado doce años desde que empezó la última, en diciembre de 2007. Este es el periodo más largo entre recesiones desde antes de la guerra civil estadounidense.

Hay muchas teorías sobre por qué las recesiones se han vuelto menos frecuentes. Una de ellas es que la Reserva Federal ha mejorado en la gestión del ciclo económico, o por lo menos en su prolongación. Otra es que la industria pesada es más proclive a la sobreproducción, que conlleva auges y caídas, que el sector servicios, que ha dominado en los últimos cincuenta años. La visión pesimista es que ahora tenemos menos recesiones, pero que cuando tienen lugar son más duras que antes. Para nuestra argumentación, no tiene gran importancia lo que haya provocado el cambio. Lo que importa es que las cosas han cambiado claramente.

Para demostrar cómo esos cambios históricos deberían afectar a las decisiones de inversión, pensemos en la obra de un hombre que muchos creen que fue una de las mejores mentes de todos los tiempos en cuanto a las inversiones: Benjamin Graham.

La clásica obra de Graham *El inversor inteligente* es más que una teoría. Da señas prácticas, como fórmulas, que los inversores pueden aplicar para tomar decisiones inteligentes sobre las inversiones.

Yo leí el libro de Graham en la adolescencia y con él aprendí por primera vez cosas sobre el mundo de la inversión. Las fórmulas presentadas en el libro eran llamativas, porque eran literalmente instrucciones paso a paso que detallaban cómo hacerte rico. Bastaba con seguir las instrucciones. Parecía facilísimo.

No obstante, al intentar aplicar algunas de esas fórmulas, uno se da cuenta de algo: en la práctica, pocas funcionan.

Graham abogaba por comprar acciones que cotizaran a un valor menor que el de sus activos de trabajo netos, básicamente el dinero en el banco menos todas las deudas. Esto suena genial, pero en realidad pocas acciones quedan que coticen a un valor tan bajo; aparte de, por ejemplo, una acción que se cotice a menos de un dólar acusada de fraude contable.

Según uno de los criterios de Graham, los inversores conservadores deben evitar las acciones que se coticen por más de 1,5 veces su valor contable. Si hubieras seguido esa norma durante la última década, no habrías tenido en tu haber prácticamente nada más que acciones de bancos y de aseguradoras. No hay ningún mundo en el que esto sea aceptable.

El inversor inteligente es uno de los mejores libros sobre inversión de todos los tiempos. Pero no conozco ni a un solo inversor al que le haya ido bien poniendo en práctica las fórmulas que publicó Graham. El libro está lleno de sabiduría, tal vez más que cualquier otro libro sobre inversión publicado nunca. Pero, como manual de instrucciones, es cuando menos cuestionable.

¿Qué pasó? ¿Acaso Graham era un charlatán cuyas palabras sonaban bien pero cuyos consejos no funcionaban? En absoluto. Graham fue un inversor con un éxito abrumador.

Pero era un hombre práctico. Y le encantaba llevar la contraria. No estaba tan apegado a unas determinadas ideas de inversión para mantenerse fiel a ellas cuando demasiados inversores se ciñeran a ellas, lo cual las habría hecho tan populares que se diluiría su potencial. Jason Zweig, que elaboró una versión posterior anotada del libro de Graham, escribió una vez:

> Graham continuamente experimentaba y volvía a comprobar sus suposiciones buscando qué funcionaba. Buscando no lo que funcionó ayer, sino lo que funciona hoy. En cada edición revisada de *El inversor inteligente,* Graham descartaba las fórmulas que había presentado en la edición anterior y las sustituía por nuevas fórmulas; y en cierto sentido declaraba que «las que ya no funcionan o que ya no funcionan tan bien como solían funcionar son las fórmulas que parecen funcionar mejor ahora».

Una de las críticas más habituales que se le hizo a Graham es que todas las fórmulas de la edición de 1972 están anticuadas. La única respuesta adecuada a esta crítica es decir: «¡Por supuesto que lo están! Esas son las que usé para sustituir las fórmulas de la edición de 1965, que reemplazaron las fórmulas de la edición de 1954, que a su vez sustituyeron las de la edición de 1949, que se emplearon para ampliar las fórmulas originales que el autor presentó en su libro *Security Analysis,* de 1934».

Graham falleció en 1976. Si las fórmulas por las que abogaba fueron arrumbadas y actualizadas cinco veces entre 1934 y 1972, ¿qué relevancia crees que tienen en 2020? ¿O cuánta tendrán en 2050?

Justo antes de morir, a Graham le preguntaron si el análisis detallado de acciones individuales —una táctica por la que era famoso— seguía siendo una estrategia por la que él apostaba. Él contestó:

En general, no. Ya no soy partidario de las técnicas sofisticadas del análisis de los títulos valor para encontrar oportunidades de mejor valor. Esta actividad merecía la pena hace, pongamos, cuarenta años, cuando se publicó por primera vez nuestro manual. Pero desde entonces la situación ha cambiado un montón.[72]

Lo que cambió fue lo siguiente: aumentó la competencia a medida que fueron conociéndose mejor las oportunidades; la tecnología hizo más accesible la información, y los sectores cambiaron a medida que la economía basculó del sector industrial al tecnológico, que tiene unos ciclos económicos y unos usos del capital distintos.

Las cosas cambiaron.

Una peculiaridad interesante de la historia de la inversión es que cuanto más retrocedes en la historia, más probable es que analices un mundo que ya no es aplicable al de hoy en día. Muchos inversores y economistas se consuelan sabiendo que sus pronósticos están avalados por décadas o incluso siglos de datos. Sin embargo, puesto que las economías evolucionan, a menudo la historia reciente es la mejor guía del futuro, porque es más probable que contenga condiciones importantes que serán relevantes para el futuro.

En el mundo de la inversión hay una expresión común, usada habitualmente con ánimo de burla: «Esta vez es distinto». Si tienes que refutar a alguien que está pronosticando que el futuro no va a ser un reflejo perfecto del pasado, dile: «Ah, ¿entonces crees que esta vez es distinto?», y deja caer el micro. La expresión proviene de la opinión del inversor John Templeton de que «Las cuatro palabras más peligrosas en el mundo de la inversión son "Esta vez es distinto"».

No obstante, Templeton admitía que es distinto al menos en un 20 % de las veces. El mundo cambia. Desde luego que cambia. Y esos cambios son lo que tiene mayor importancia con el paso del tiempo. Así lo expresó Michael Batnick: «Las dieciséis [doce, en la versión original inglesa] palabras más peligrosas en el mundo de la inversión son: "Las cuatro palabras más peligrosas en el mundo de la inversión son: 'Esta vez es distinto'"».

Esto no significa que debamos ignorar la historia cuando reflexionemos sobre el dinero. Pero sí que hay un matiz importante: cuanto más retrocedamos en la historia, más generales deberían ser nuestras conclusiones. Los aspectos generales, como la relación de la gente con respecto a la codicia y el miedo, su comportamiento en momentos de estrés o su forma de responder a los incentivos, tienden a permanecer estables a lo largo del tiempo. La historia del dinero es útil para este tipo de cosas.

En cambio, las tendencias concretas, los negocios concretos, los sectores concretos, las relaciones causales concretas sobre mercados y lo que la gente debería hacer con su dinero son siempre un ejemplo de una evolución en curso. Los historiadores no son profetas.

La pregunta, entonces, es la siguiente: ¿cómo deberíamos abordar el futuro y cómo deberíamos planificarlo? Veámoslo en el siguiente capítulo.

13.
El margen de error

La parte más importante de cualquier plan es planificar para cuando el plan no vaya según lo planificado.

ALGUNOS DE LOS mejores ejemplos de un comportamiento financiero inteligente pueden encontrarse en un lugar inverosímil: los casinos de Las Vegas.

No entre todos los jugadores, claro está. Pero un reducido grupo de jugadores de *blackjack* que cuentan cartas puede enseñar a la gente normal y corriente algo extraordinariamente valioso sobre la gestión del dinero: la importancia de reservar un margen para el error.

Los fundamentos del recuento de cartas en el *blackjack* son sencillos:

- Nadie sabe con seguridad qué carta va a sacar el crupier a continuación.
- Aun así, recordando qué cartas ya han salido puedes calcular qué cartas quedan todavía en la baraja.
- Con este procedimiento, puedes calcular la probabilidad de que el crupier saque una carta concreta.

Como jugador, apuestas más cuando la probabilidad de que salga una carta que te beneficie está a tu favor y menos cuando está en tu contra.

La mecánica de cómo se hace esto no nos interesa. Lo que importa es que alguien que cuenta cartas en el *blackjack* sabe que está jugando a un juego de probabilidades, no de certezas. En cualquier mano, piensa que tiene una buena probabilidad de estar en lo cierto, pero sabe que hay una probabilidad nada desdeñable de estar equivocado. Puede sonar extraño dada su profesión, pero su estrategia se basa por completo en la humildad: la humildad de no saber y de no poder saber exactamente lo que va a ocurrir a continuación, y conforme a eso juega su mano. El sistema de recuento de cartas funciona porque hace decantar la probabilidad, aunque sea ligeramente, de la banca al jugador. Pero si apuestas demasiado incluso cuando la probabilidad está a tu favor y te equivocas, puedes perder tanto que no vas a tener dinero para seguir jugando.

Nunca hay un momento en el que estés tan acertado que puedas apostar todas las fichas que tienes delante. El mundo no es tan amable con nadie; al menos, no ininterrumpidamente. Tienes que darte margen para el error. Tienes que planificar para cuando tu plan no vaya según lo planificado.

Kevin Lewis, un exitoso contador de cartas retratado en el libro *Bringing Down the House* [Hundir a la banca], ahondó más en esta filosofía:

> A pesar de que está demostrado estadísticamente que contar cartas funciona, no garantiza que vayas a ganar todas las manos; y no digamos ya cada sesión en el casino. Tenemos que asegurarnos de que tenemos dinero suficiente para resistir a cualquier golpe de mala suerte.
>
> Supongamos que tienes aproximadamente un 2 % de ventaja sobre el casino. Esto todavía significa que el casino ganará el 49 % de las veces. Por tanto, tienes que tener dinero suficiente para resistir a cualquier cambio de rumbo de la

suerte que te perjudique. Una regla de oro es que deberías tener al menos 100 unidades básicas. Suponiendo que empiezas con 10.000 dólares, podrías jugarte tranquilamente una unidad de 100 dólares.

La historia está sembrada de buenas ideas que se llevaron demasiado lejos, las cuales son indistinguibles de las malas ideas. La sensatez de tener margen para equivocarse es reconocer que la incertidumbre, la aleatoriedad y la probabilidad —«incógnitas»— son una parte que siempre está presente en la vida. La única forma de manejarlas es aumentando la diferencia entre lo que piensas que va a ocurrir y lo que puede ocurrir mientras conservas la capacidad de luchar otro día más.

––––––––

Benjamin Graham es conocido por su concepto del margen de seguridad. Escribió sobre esta cuestión exhaustivamente y con detalle matemático. Pero mi resumen favorito de la teoría fue cuando mencionó en una entrevista que «el propósito del margen de seguridad es hacer que los pronósticos sean innecesarios».

No cabe duda de la contundencia que tiene esta simple afirmación.

El margen de seguridad —también lo puedes llamar «margen de error» o «redundancia»— es la única forma efectiva de navegar de manera segura por un mundo gobernado por la probabilidad y no por las certezas. Y casi todo lo relacionado con el dinero tiene lugar en un mundo de este tipo.

Hacer pronósticos con precisión es complicado. A un contador de cartas esto le parece obvio, porque nadie podría saber dónde está una carta concreta una vez que se han barajado los naipes. Es menos obvio, en cambio, para alguien que pregunte:

«¿Cuál será la rentabilidad media anual del mercado de valores durante los próximos diez años?» o «¿En qué fecha podré jubilarme?». Pero fundamentalmente son lo mismo. Lo mejor que podemos hacer es pensar en la probabilidad.

El margen de seguridad de Graham es una simple sugerencia de que no debemos ver el mundo que tenemos delante como algo blanco y negro, como algo predecible o como un juego de azar. Apuntar al área gris —aspirar a cosas en las que es aceptable un abanico de resultados potenciales— es la manera inteligente de actuar.

Sin embargo, la gente infravalora la necesidad de reservar un margen para el error en casi todo lo que hacen relacionado con el dinero. Los analistas de bolsa les dan a sus clientes objetivos concretos de precios, no abanicos de precios. Los analistas económicos predicen cosas con cifras precisas; raramente con probabilidades amplias. El experto que habla con certezas inquebrantables tendrá más predicamento que otro que diga: «No podemos saberlo a ciencia cierta», y que hable partiendo de probabilidades.[42]

Hacemos esto en todos los proyectos financieros, sean del tipo que sean, especialmente con los relacionados con nuestras propias decisiones. El psicólogo de Harvard Max Bazerman mostró una vez que, al analizar los planes de reforma de la vivienda de otras personas, la mayor parte de la gente calculaba que el proyecto superaría el presupuesto en entre un 25 % y un 50 %.[43] Pero, por lo que respecta a sus propios proyectos, la gente calcula que las reformas se terminarán con puntualidad y acordes al presupuesto. Y al final, ¡oh, qué decepción!

Hay dos cosas que nos llevan a no reservar margen para el error. La primera es la idea de que una persona tiene que saber lo que le deparará el futuro, una idea motivada por la desagradable sensación que resulta de admitir lo contrario. La segunda es que, por culpa de eso, te estás perjudicando a ti mismo, pues dejas de realizar acciones que explotarían el potencial completo de que ese futuro se hiciera realidad.

Sin embargo, el margen de error es algo infravalorado y mal entendido. A menudo se ve como una cobertura conservadora, usada por aquellos que no quieren asumir muchos riesgos o que no tienen confianza en sus perspectivas. Pero, empleado correctamente, es todo lo contrario.

Contemplar un margen para posibles errores te permite resistir a un abanico de resultados potenciales, y la resistencia te permite mantener las inversiones el tiempo suficiente para que la probabilidad de beneficiarte de un resultado poco probable te favorezca. Que uno obtenga unos grandes beneficios es infrecuente, bien porque eso no ocurre a menudo, bien porque se tarda en conseguir que la acumulación dé sus frutos. Así que la persona con suficiente margen para el error en parte de su estrategia (liquidez) que le permita resistir a las adversidades en otros elementos (acciones) tiene ventaja sobre la persona que, cuando se equivoca, lo pierde todo, queda fuera de juego e inserta más fichas.

Bill Gates lo entendió bien. Cuando Microsoft era una empresa joven, Gates dijo que «se le ocurrió la estrategia increíblemente conservadora de que quería tener suficiente dinero en el banco para pagar las nóminas de un año, aunque no les entrara ni un solo pago». Warren Buffett expresó una idea parecida cuando les dijo a los accionistas de Berkshire Hathaway en 2008: «He prometido —a ustedes, a las agencias de calificación y a mí mismo— que siempre voy a dirigir Berkshire con una liquidez más que abundante [...]. Cuando tenga que elegir, no cambiaré ni una sola noche de sueño por la probabilidad de conseguir unos beneficios extra».[44]

Hay unos cuantos aspectos específicos sobre los que los inversores deben reflexionar con respecto al margen de error.

Uno es la volatilidad. ¿Puedes sobrevivir con una bajada de tus activos de un 30 %? Sobre la hoja de cálculo quizás sí, en el sentido de que realmente podrás pagar las facturas y podrás mantener un flujo de caja positivo. Pero ¿qué me dices mentalmente? Es fácil subestimar lo que significa una bajada de un 30 % para tu psique. Tu confianza puede verse mermada en el momento mismo en el que la oportunidad esté en su apogeo. Tú, o tu pareja, puedes decidir que ha llegado la hora de elaborar un nuevo plan o de empezar una nueva carrera profesional. Conozco a varios inversores que abandonaron tras haber tenido pérdidas porque estaban exhaustos. Físicamente exhaustos. Las hojas de cálculo son buenas para decir cuándo salen las cuentas o no. Pero no sirven para simular cómo te sentirás cuando acuestes a tus hijos por la noche mientras te preguntas si las decisiones de inversión que has tomado fueron un error que los perjudicará en el futuro. La diferencia entre lo que puedas resistir técnicamente frente a lo que es emocionalmente posible es una variante del margen de error que suele pasar desapercibida.

Otro es ahorrar para la jubilación. Podemos repasar la historia y veremos, por ejemplo, que el mercado de valores de Estados Unidos ha tenido una rentabilidad media anual de un 6,8 % descontando la inflación desde la década de 1870. Es una primera aproximación razonable utilizar eso como una estimación de lo que puede esperarse con respecto a tu propia cartera diversificada al ahorrar para la jubilación. Puedes usar esas suposiciones sobre la rentabilidad para reservar la cantidad de dinero que tendrás que ahorrar todos los meses para alcanzar el colchón que te marcas como meta.

Pero ¿y si la rentabilidad futura es menor? O ¿si la historia a largo plazo es una buena estimación del futuro a largo plazo, pero tu fecha prevista de jubilación cae finalmente en medio de un mercado bajista tremendo, como ocurrió en 2009? ¿Y si un futuro mercado bajista te asusta y vendes las acciones y, por ello, acabas perdiéndote una futura fase alcista, así que en realidad los beneficios que obtienes son menores que la media del mercado? ¿Y si necesitas retirar el dinero de tu cuenta para la jubilación a los treinta y algo para cubrir un percance médico?

La respuesta a esos «y si» es: «No podrás jubilarte como habías previsto». Y esto puede ser un desastre.

La solución es simple: incluye un margen de error cuando calcules tu rentabilidad futura. Esto es más bien arte que ciencia. Para mis propias inversiones, que describiré con mayor detalle en el capítulo 20, yo parto de la base de que los beneficios futuros que obtendré a lo largo de mi vida serán una tercera parte más bajos que la media histórica. Así que ahorro más de lo que lo haría si supusiera que el futuro se parecerá al pasado. Ese es mi margen de seguridad. Desde luego, el futuro puede ser mucho peor que ese tercio más bajo que aplico a mis pronósticos, pero es que no hay ningún margen de seguridad que ofrezca una garantía del cien por cien. Un colchón de un tercio es suficiente para que yo pueda dormir tranquilo por la noche. Y, si el futuro efectivamente acaba pareciéndose al pasado, entonces tendré una agradable sorpresa. «La mejor manera de alcanzar la felicidad es tener bajas expectativas», dice Charlie Munger. Espléndido.

Un importante primo del margen de error es lo que yo llamo el «sesgo optimista al asumir riesgos», también llamado «síndrome de la ruleta rusa debería terminar bien por estadística», es decir: el apego a la probabilidad favorable aun cuando los aspectos negativos son absolutamente inaceptables.

Nassim Taleb dice: «Te puede encantar el riesgo y al mismo tiempo puedes ser completamente reticente a arruinarte». Y, desde luego, deberías serlo.

La idea es que tienes que asumir riesgos para progresar, pero que no merece la pena asumir ningún riesgo que pueda arruinarte. La probabilidad está de tu parte al jugar a la ruleta rusa. Pero los aspectos negativos superan los potenciales aspectos positivos. No hay margen de seguridad que pueda compensar el riesgo.

Pues lo mismo vale para el dinero. La probabilidad de muchas cosas lucrativas está a tu favor. Los precios de los bienes inmuebles suben la mayoría de los años, y durante la mayor parte de ellos recibirás una paga quincenalmente. Pero si algo tiene un 95 % de probabilidad de ir bien, el 5 % de probabilidad de que vaya mal significa que casi seguro vas a experimentar la parte negativa en algún momento de tu vida. Y, si el coste de la parte negativa es arruinarte, no merece la pena correr el riesgo por las ventajas del otro 95 %, independientemente de lo atractivo que parezca.

En eso el apalancamiento es el demonio. El apalancamiento —endeudarse para hacer aumentar tu dinero— empuja los riesgos habituales hasta límites que pueden conducir a la ruina. El peligro es que la mayor parte de las veces el optimismo racional esconde la probabilidad de terminar arruinado en algún momento. La consecuencia es que subestimamos sistemáticamente el riesgo. El precio de la vivienda cayó un 30 % la última década. Varias empresas no pudieron pagar su deuda. Eso es el capitalismo. Pasa. Pero las que tenían un apalancamiento alto tuvieron una ruina doble: no solo se quedaron sin blanca, sino que el hecho de arruinarse se llevó por delante cualquier oportunidad de volver a la partida en el instante en que hubo la oportunidad de hacerlo. El propietario de una vivienda arruinado en 2009 no tuvo opción alguna de aprovechar los bajos tipos hipotecarios de 2010. Lehman Brothers no tuvo opción de invertir en deuda barata en 2009. Estaban acabados.

Para entender esto, yo concibo mi dinero como si lo tuviera dividido en dos. Con una parte asumo riesgos y con la otra estoy aterrorizado. Esto no es coherente, pero la psicología del dinero te haría creer que lo es. Solo quiero asegurarme de que puedo seguir en pie durante suficiente tiempo para que mis riesgos salgan a cuenta. Tienes que sobrevivir para tener éxito. Volviendo sobre un comentario que he hecho varias veces a lo largo del libro: la posibilidad de hacer lo que quieras, cuando quieras, durante todo el tiempo que quieras, tiene una rentabilidad infinita.

El margen de error tiene otras ventajas, aparte de ampliar el objetivo en torno a lo que crees que podría ocurrir. También ayuda a protegerte de cosas que nunca imaginarías, que pueden ser los sucesos más problemáticos que afrontemos.

La batalla de Stalingrado, durante la Segunda Guerra Mundial, fue la batalla más larga de la historia. Con ella surgieron relatos igualmente sobrecogedores de cómo la gente manejó el riesgo.

Uno de esos relatos tuvo lugar a finales de 1942, cuando una unidad de tanques alemana esperaba en la reserva en un prado de las afueras de la ciudad. En el preciso instante en que los tanques eran un elemento desesperadamente necesario en las líneas del frente, sucedió algo que sorprendió a todo el mundo: casi ninguno funcionaba.

De los 104 tanques de la unidad, menos de 20 estaban operativos. Los ingenieros enseguida encontraron la avería. Escribe el historiador William Craig: «Durante las semanas de inactividad detrás de las líneas del frente, habían anidado ratones de campo dentro de los vehículos y se habían comido el aislante que recubría los sistemas eléctricos».

Los alemanes tenían la maquinaria más sofisticada del mundo. Y, sin embargo, allí estaban, derrotados por ratones.

Ya puedes imaginarte su incredulidad. Eso casi seguro que nunca se les pasó por la cabeza. ¿Qué clase de diseñador de tanques piensa en una protección contra ratones? Desde luego, ninguno que sea razonable. Ni tampoco uno que haya estudiado la historia de los tanques.

Aun así, este tipo de cosas ocurren constantemente. Puedes planificar pensando en todos los riesgos posibles, salvo en las cosas que son demasiado disparatadas para que se te pasen por la cabeza. Y esos disparates son lo que puede perjudicarte más, porque ocurren con más frecuencia de lo que crees y no tienes ningún plan para abordarlos.

En 2006 Warren Buffett anunció que comenzaba a buscar un futuro sustituto. Dijo que necesitaba alguien «programado genéticamente para identificar y evitar riesgos graves, incluso aquellos que no se hubieran detectado nunca».[45]

Yo he visto esa habilidad en funcionamiento en *start-ups* que mi empresa, Collaborative Fund, ha financiado. Si le preguntas a un emprendedor que enumere los mayores riesgos que afronta, va a mencionar a los sospechosos habituales. Pero, más allá de los obstáculos previsibles al dirigir una empresa emergente, a continuación presento algunos problemas a los que he hecho frente con empresas de nuestra cartera:

- Se rompieron unas tuberías, lo cual inundó y estropeó un despacho de la empresa.
- Entraron tres veces a robar en el despacho de una empresa.
- Una empresa fue expulsada de su planta de fabricación.

- Se cerró una tienda después de que una clienta llamara al Departamento de Salud porque no le gustaba que otro cliente entrara en el establecimiento con un perro.
- Suplantaron la identidad de la cuenta de correo electrónico de un consejero delegado en medio de una campaña de recaudación de fondos que requería toda su atención.
- Un emprendedor padeció una crisis nerviosa.

Algunos de estos sucesos pusieron en riesgo el futuro de la empresa. Pero ninguno de ellos era previsible, porque ninguno les había ocurrido antes a los consejeros delegados que afrontaron aquellos problemas; ni a nadie que conocieran, de hecho. Todo aquello era territorio inexplorado.

Evitar esa clase de riesgos desconocidos es, casi por definición, imposible. No puedes prepararte para algo que no puedes vislumbrar.

Si hay una manera de evitar que te perjudiquen es evitando puntos concretos de fallo.

Una buena regla de oro para un montón de cosas en la vida es que todo lo que puede estropearse terminará estropeándose. Así que, si muchas cosas dependen de que funcione o no una cosa y esa cosa se estropea, la catástrofe es inminente. Este es un punto concreto de fallo.

A algunas personas se les da extraordinariamente bien evitar puntos concretos de fallo. La mayoría de los sistemas esenciales de los aviones tienen sistemas auxiliares por si fallan, y los auxiliares suelen tener sistemas auxiliares. Los aviones modernos tienen cuatro sistemas eléctricos superfluos. Pueden volar con un solo motor y técnicamente aterrizar con ninguno, ya que cada avión debe ser capaz de detenerse en una pista solo con los frenos, sin el empuje inverso de sus motores. Los puentes colgantes también pueden perder muchos cables sin llegar a caer.

El mayor punto de fallo con respecto al dinero es fiarse solamente de la nómina para financiar las necesidades de gasto a corto plazo, sin ahorros para crear un margen entre lo que piensas que son tus gastos y lo que podrían llegar a ser en el futuro.

El truco que a veces se pasa por alto —les ocurre incluso a los más ricos— es lo que vimos en el capítulo 10: darte cuenta de que no necesitas un motivo concreto para ahorrar. Está bien ahorrar para comprarte un coche, o una casa o para la jubilación. Pero es igualmente importante ahorrar para cosas que no puedes predecir o ni siquiera entender: el equivalente financiero de los ratones de campo.

Predecir a lo que vas a dedicar tus ahorros presupone que vives en un mundo en el que sabes exactamente a cuánto ascenderán tus gastos futuros, que es algo que nadie sabe. Yo ahorro mucho, y no tengo ni idea de en qué voy a emplear mis ahorros en un momento futuro. Pocos planes financieros que solo estén preparados para hacer frente a riesgos conocidos tienen un margen de seguridad suficiente para sobrevivir al mundo real.

De hecho, la parte más importante de cualquier plan es planificar para cuando el plan no vaya según lo planificado.

Y ahora, déjame que te enseñe cómo se aplica esto a tu persona.

14.

Vas a cambiar

La planificación a largo plazo es más difícil de lo que parece porque, con el paso del tiempo, los objetivos y los deseos de la gente cambian.

CRECÍ CON UN amigo que no tenía ni un origen privilegiado ni una gran capacidad intelectual, pero que era el tipo que trabajaba más duro que he conocido. Esas personas tienen mucho que enseñarnos, porque han experimentado en primera persona cada centímetro del camino hacia el éxito.

La misión y el sueño en la vida de ese muchacho cuando era adolescente era ser médico. Decir que el destino estaba en su contra es ser benévolo. Nadie razonable en ese momento lo habría considerado una posibilidad.

Pero él se esforzó. Y, diez años más tarde que sus compañeros de clase, finalmente llegó a ser médico.

¿Cuánta satisfacción producirá empezar desde la nada, abrirte camino derribando obstáculos hasta llegar a la Facultad de Medicina y conseguir pertenecer a una de las profesiones más nobles contra todo pronóstico?

Hablé con él hace unos años. Esta fue la conversación:

Yo: ¡Cuánto tiempo sin vernos! ¿Cómo te...?
ÉL: Profesionalmente, fatal.
Yo: Ja, ja, bueno...
ÉL: En serio, tío, profesionalmente, fatal.

Y así seguimos durante diez minutos. El estrés y las jornadas lo habían dejado agotado y extenuado. Se le veía tan decepcionado donde estaba en ese momento como motivado pensando en dónde querría estar quince años atrás.

Un pilar de la psicología es que la gente suele pronosticar mal cómo será su futuro yo.

Imaginarse una meta es fácil y divertido. Imaginarse una meta en el contexto de las tiranteces realistas de la vida que surgen como consecuencia de las tareas competitivas es algo totalmente distinto.

Eso afecta mucho a nuestra capacidad de planificar nuestros objetivos financieros futuros.

Todos los niños de cinco años quieren conducir un tractor cuando sean mayores. Pocos trabajos parecen mejores a ojos de un chiquillo cuya idea de un buen trabajo empieza y acaba con un «¡brrrum, brrrum!, ¡piiip-piiip! ¡Qué tractor más grande, allá voy!».

Luego muchos se hacen mayores y se dan cuenta de que conducir un tractor tal vez no sea la mejor salida profesional. Puede que quieran algo más prestigioso o lucrativo.

Así que, en la adolescencia, sueñan con ser abogados. Ahora piensan —lo *saben*— que ya tienen un plan. Facultad de Derecho y sus costes, allá vamos.

Después, una vez que son abogados, tienen una jornada laboral tan larga que apenas ven a sus familias.

Por tanto, quizás opten por un trabajo con un sueldo más bajo, pero con un horario flexible. Entonces se dan cuenta de que la educación preescolar es tan cara que se lleva la mayor parte de su nómina y optan por quedarse en casa y hacer de padres. Llegan a la conclusión de que esa es, finalmente, la opción correcta.

Conozco a personas jóvenes que llevan a propósito una vida austera con pocos ingresos y que están perfectamente satisfechas con ello. Luego están los que se dejan la piel para costearse una vida lujosa y que también están perfectamente satisfechos. Ambos corren riesgos; los primeros corren el riesgo de no estar preparados para criar una familia o para financiar su jubilación, mientras que los segundos corren el riesgo de arrepentirse de haber pasado sus años de juventud y salud en un cubículo.

Este problema no tiene una solución sencilla. Dile a un chiquillo de cinco años que debería ser abogado en lugar de conductor de tractores y te va a llevar la contraria con todas sus fuerzas.

No obstante, hay dos cosas que hay que tener presentes al tomar lo que crees que son decisiones a largo plazo.

Deberíamos evitar los extremos de la planificación financiera. Suponer que vas a ser feliz con unos ingresos muy bajos u optar por trabajar jornadas interminables con el fin de conseguir unos ingresos elevados aumenta la probabilidad de que un día sientas arrepentimiento. Lo que alimenta la ilusión del fin de la historia es que la gente se adapta a la mayoría de las circunstancias; por tanto, los beneficios de un plan extremo —la simplicidad de no tener apenas nada o el entusiasmo de tenerlo casi todo— se desvanecen. Pero las desventajas de esos extremos —no poder costear tu jubilación o echar la vista atrás y arrepentirte de una vida dedicada a cosechar dólares— se convierten en motivos duraderos de remordimiento. El arrepentimiento es especialmente doloroso cuando abandonas un plan anterior y te da la sensación de que tienes que ir en la dirección contraria el doble de rápido para compensar el tiempo perdido.

El interés compuesto funciona mejor cuando a un plan le puedes dar años o décadas para que crezca. Esto no es aplicable solamente a los ahorros, sino también a las trayectorias profesionales y a las relaciones. La perseverancia es un factor clave.

Y cuando piensas en nuestra tendencia a cambiar lo que somos a lo largo del tiempo, te das cuenta de que conservar el equilibrio en cada momento de tu vida se convierte en una estrategia para evitar futuros motivos de remordimiento y para fomentar la perseverancia.

Ponerte el objetivo, en cualquier instante de tu vida laboral, de tener unos ahorros anuales moderados, un tiempo libre moderado, un tiempo de desplazamiento al trabajo moderado y por lo menos un tiempo moderado con tu familia aumenta más la probabilidad de poder mantenerte fiel a un plan y de evitar arrepentirte que si una de esas cosas alcanza uno de los extremos del espectro.

También deberíamos aceptar la realidad de que cambiamos de opinión. Algunos de los trabajadores más insatisfechos que he conocido eran personas que se mantenían fieles a su carrera profesional solo porque ese era el ámbito que eligieron al escoger unos estudios universitarios a los dieciocho años. En cuanto aceptas que existe la ilusión del fin de la historia, te das cuenta de que la probabilidad de escoger un trabajo, cuando ni siquiera tienes una edad suficiente para beber alcohol legalmente, que vaya a seguir gustándote cuando seas lo bastante mayor para ser beneficiario de la Seguridad Social es baja.

El truco está en aceptar la realidad del cambio y seguir adelante lo antes posible.

Jason Zweig, columnista sobre inversión del *Wall Street Journal*, colaboró con el psicólogo Daniel Kahneman en la elaboración del libro *Pensar rápido, pensar despacio*. Una vez Zweig contó una anécdota sobre una peculiaridad de la personalidad de Kahneman que le fue muy útil: «Nada me asombraba más de Danny que su capacidad de hacer saltar por los aires lo que acababa de hacer», escribió Zweig. Él y Kahneman podían pasar horas trabajando en un capítulo y, sin embargo:

La siguiente noticia que te llega es que [Kahneman] te manda una versión tan transformada que es irreconocible: empieza distinto, termina distinto, incorpora anécdotas y datos que nunca se te habían ocurrido, y se basa en estudios de los que nunca habías oído hablar.

«Cuando le pregunté a Danny cómo podía volver a empezar como si no hubiera escrito ningún borrador del capítulo antes —añadía Zweig—, él me dijo unas palabras que nunca he olvidado: "No tengo costes irrecuperables".»[49]

Los costes irrecuperables —decisiones vinculadas a esfuerzos anteriores que no pueden ser compensadas— son un fastidio en un mundo en que la gente cambia a lo largo del tiempo. Convierten a nuestros futuros yoes en prisioneros de nuestros yoes pasados, que eran distintos. Es el equivalente de que un desconocido tome grandes decisiones vitales por ti.

Aceptar la idea de que los objetivos financieros establecidos cuando eras una persona distinta deberían abandonarse sin compasión en lugar de mantenerlos con vida artificialmente e irlos arrastrando puede ser una buena estrategia para minimizar los remordimientos futuros.

Cuanto más deprisa se haga eso, antes podrá uno volver a beneficiarse del potencial de la acumulación gracias al interés compuesto.

Y, a continuación, hablemos del precio de entrada de ese potencial de la acumulación.

15.

Nada es gratis

Todo tiene un precio, pero no todos los precios vienen en una etiqueta.

Todo tiene un precio, y un elemento clave respecto a un montón de cosas relacionadas con el dinero es sencillamente descubrir qué precio tiene algo determinado y estar dispuesto a pagarlo.

El problema está en que el precio de muchas cosas no es obvio hasta que las has experimentado de primera mano, cuando ya ha vencido el plazo de la factura.

General Electric (GE) era la compañía más grande del mundo en 2004, con un valor de un tercio de un billón de dólares. Había ocupado el número uno o dos todos los años durante la década anterior, un magnífico ejemplo de la aristocracia corporativa en el capitalismo.

Pero luego se fue todo al traste.

La crisis financiera de 2008 devastó su división de finanzas, responsable de más de la mitad de los beneficios de la compañía. Terminó vendiéndose como si fuera chatarra. Las siguientes apuestas de la empresa por el petróleo y la energía fueron un desastre, lo cual provocó miles de millones de pérdidas. Las acciones de GE cayeron de los 40 dólares en 2007 a los 7 dólares en 2018.

Las culpas que se le echaron a su consejero delegado, Jeff Immelt, que estuvo al mando de la compañía desde 2001, fueron inmediatas y duras. Immelt fue criticado por su liderazgo, sus adquisiciones, por recortar los dividendos, por despedir trabajadores y, por supuesto, por el desplome del precio de las acciones. Y era justo: quienes son recompensados con una riqueza inconmensurable cuando las cosas van bien deben soportar la carga de la responsabilidad cuando el viento sopla en contra. Immelt renunció al puesto en 2017.

No obstante, Immelt dijo algo esclarecedor al dejar la dirección de la empresa.

En respuesta a los críticos que decían que se había equivocado con sus acciones y que era obvio lo que tenía que haber hecho, Immelt le dijo a su sucesor: «Cualquier tarea parece fácil cuando no eres tú quien la lleva a cabo».

Cualquier tarea parece fácil cuando no la estás llevando a cabo tú porque los desafíos que afronta alguien en el terreno de juego suelen ser invisibles para quienes están entre la multitud.

Gestionar las exigencias contrapuestas del abotargamiento creciente en la empresa, los inversores cortoplacistas, los organismos reguladores, los sindicatos y una burocracia pesada no solo es difícil de hacer, sino que es complicado incluso reconocer la gravedad de los problemas hasta que estás abordándolos tú personalmente. El sucesor de Immelt, que duró catorce meses, también lo experimentó.

La mayoría de las cosas son más complicadas en la práctica que en teoría. A veces eso se debe a que tenemos un exceso de confianza. Pero con mayor frecuencia es debido a que no se nos da bien identificar cuál es el precio del éxito, lo que nos impide ser capaces de pagarlo.

El S&P 500 se multiplicó por 119 en los cincuenta años que terminaron en 2018. Lo único que había que hacer era esperar y dejar que el dinero se multiplicara. Pero, evidentemente, tener éxito invirtiendo parece fácil cuando no eres tú quien lo está llevando a cabo.

«Conserva las acciones por un tiempo largo», oirás decir. Es un buen consejo.

No obstante, ¿sabes lo difícil que es conservar las perspectivas a largo plazo cuando las acciones se están desplomando?

Como todas las demás cosas que merecen la pena, invertir con éxito exige un precio. Pero su moneda no son dólares ni centavos. Su precio entraña volatilidad, miedo, dudas, incertidumbre y remordimientos, todo lo cual es fácil pasar por alto hasta que lo estás gestionando en tiempo real.

La incapacidad de reconocer que invertir tiene un precio puede tentarnos a conseguir algo gratis. Lo cual, como robar en una tienda, casi nunca sale bien.

Pongamos que quieres un coche nuevo. El coche cuesta 30.000 dólares. Tienes tres opciones: 1) pagas los 30.000 dólares; 2) encuentras un coche usado más barato, o 3) lo robas. En este caso, el 99 % de la gente sabe evitar la tercera opción, porque las consecuencias de robar un coche sobrepasan las ventajas.

Sin embargo, imaginemos que quieres obtener una rentabilidad anual de un 11 % durante los próximos treinta años para poder jubilarte con toda tranquilidad. ¿Esa recompensa sale gratis? Por supuesto que no. El mundo nunca es tan amable. Hay un precio, una factura que hay que pagar. En este caso, es una burla constante del mercado, que da pingües beneficios, pero los quita con la misma rapidez. Incluyendo los dividendos, el índice Dow Jones Industrial Average dio una rentabilidad de cerca de un 11 % por año entre 1950 y 2019, lo cual es fantástico. Pero el precio del éxito durante ese periodo fue terriblemente alto. Las líneas sombreadas del gráfico muestran cuándo estuvo al menos un 5 % por debajo de su máximo histórico previo.

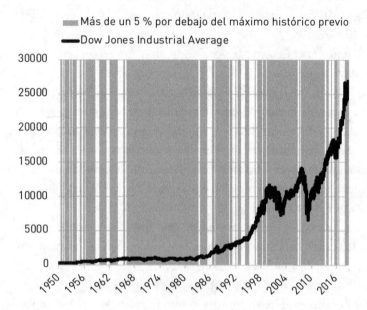

Ese es el precio de la rentabilidad del mercado. Es su tarifa. Es el coste de entrada. Y duele.

Como con la mayoría de los productos, cuanto mayor es la rentabilidad, mayor es el precio. Las acciones de Netflix tuvieron una rentabilidad de más de un 35.000 % entre 2002 y 2018, pero en un 94 % de los días se cotizaron por debajo de su máximo histórico previo. Monster Beverage tuvo una rentabilidad de un 319.000 % entre 1995 y 2018 —de entre las más altas de la historia—, pero se cotizó por debajo de su máximo previo en un 95 % del tiempo durante ese periodo.

Y ahora pasemos a lo importante. Al igual que con el coche, tienes varias opciones: puedes pagar el precio, aceptar la volatilidad y las turbulencias. O puedes encontrar un activo con menos incertidumbre y una recompensa menor, el equivalente de un coche usado. O puedes intentar el equivalente de un gran robo: intentar conseguir la rentabilidad evitando, al mismo tiempo, la volatilidad que lleva aparejada.

En las inversiones, mucha gente elige la tercera opción. De la misma forma que un ladrón de coches, aunque con buenas intenciones y cumpliendo la ley, esas personas diseñan trucos y estrategias para conseguir la rentabilidad sin pagar el precio. Compran y venden acciones continuamente. Tratan de vender antes de la siguiente recesión y de comprar antes del siguiente *boom*. La mayoría de los inversores que tengan siquiera un poco de experiencia saben que la volatilidad es real y frecuente. Por tanto, muchos dan lo que parece ser el siguiente paso lógico: intentan eludirla.

No obstante, los dioses del dinero no tienen en gran consideración a los que buscan una recompensa sin pagar el precio que entraña. Algunos ladrones de coches se salen con la suya. Pero a muchos más los pillan y los castigan.

Lo mismo ocurre con las inversiones.

Una vez Morningstar analizó el rendimiento de los fondos mutualistas tácticos, cuya estrategia es alternar entre acciones y bonos en el momento oportuno con el fin de conseguir rentabilidad con un riesgo de pérdidas más bajo.[50] Quieren los beneficios sin pagar el precio. El estudio se centraba en el periodo desde mediados de 2010 hasta finales de 2011, cuando los mercados bursátiles estadounidenses enloquecieron por los temores ante una nueva recesión y el S&P 500 cayó más de un 20 %. Ese es el tipo exacto de entorno en el que se supone que los fondos tácticos funcionan. Ese era su momento para brillar.

Durante ese periodo había, según los cálculos de Morningstar, 112 fondos mutualistas tácticos. Solo nueve obtuvieron una rentabilidad mejor, ajustada al riesgo, que un simple fondo 60/40 de acciones y bonos. Menos de una cuarta parte de los fondos tácticos sufrieron disminuciones máximas menores que el índice que no se tocó. Escribió Morningstar: «Con algunas excepciones, [los fondos tácticos] ganaron menos, fueron más volátiles o estuvieron sujetos al mismo nivel de riesgo de tener pérdidas» que los fondos en los que no hay que intervenir.

Los inversores individuales también caen en eso cuando hacen sus propias inversiones. Según Morningstar, el inversor medio en capital privado obtuvo anualmente unos resultados de medio punto porcentual anual por debajo de los fondos en los que invirtió: consecuencia de comprar y vender cuando deberían haber conservado las acciones compradas.[51]

Lo irónico es que, intentando evitar el precio, los inversores terminan pagando el doble.

Pero volvamos a GE. Uno de sus muchos fallos proviene de la época del ex consejero delegado Jack Welch. Welch se hizo famoso porque garantizaba que las ganancias trimestrales por acción iban a superar las estimaciones de Wall Street. Era un gran maestro. Si los analistas de Wall Street proyectaban 0,25 dólares por acción, Jack repartía 0,26 dólares, independientemente del estado del negocio o de la economía. Lo hacía maquillando los números —y diciendo «maquillando» somos benevolentes—, a menudo sacando ingresos de futuros trimestres para que las obedientes cifras hicieran reverencias a su amo.

Forbes informó de decenas de ejemplos de eso: «[General Electric] durante dos años seguidos "vendió" locomotoras a socios financieros anónimos en lugar de a clientes finales en transacciones que dejaron la mayor parte de los riesgos ligados a la propiedad a GE».[52]

Welch nunca negó su juego. En su libro *Hablando claro,* escribió:

La respuesta de nuestros líderes empresariales a las crisis era típica de la cultura de GE. Aunque la contabilidad del trimestre ya estuviera cerrada, muchos se ofrecían de inmediato para contribuir a cubrir el diferencial [de ingresos]. Algunos decían que podían encontrar 10 millones de dólares extras, 20 millones o incluso 30 millones procedentes de sus negocios para compensar la sorpresa.

El resultado fue que, bajo la dirección de Welch, los accionistas no tuvieron que pagar el precio. Obtuvieron regularidad y predictibilidad: una acción que subía año tras año sin las sorpresas de la incertidumbre. Luego tocó pagar la factura, como ocurre siempre. Los accionistas de GE llevan sufriendo una década de pérdidas colosales que previamente fueron esquivadas con maniobras de contabilidad. Los centavos ganados en la época de Welch se han vuelto dólares perdidos hoy.

El ejemplo más extraño de eso lo encontramos en los fallidos gigantes de las hipotecas Freddie Mac y Fannie Mae, a quienes a principios del 2000 se los pilló no dando toda la información sobre los ingresos del momento, en un orden de miles de millones de dólares, con la intención de extender esas ganancias a lo largo de periodos futuros con el objetivo de darles a los inversores una ilusión de regularidad y predictibilidad.[53] La ilusión de no tener que pagar el precio.

La pregunta, entonces, es la siguiente: ¿por qué tanta gente que está dispuesta a pagar el precio de un coche, de una casa, de la comida y de sus vacaciones intenta con tanto empeño evitar pagar el precio de una buena rentabilidad en las inversiones?

La respuesta es sencilla: el precio del éxito en las inversiones no es obvio inmediatamente. No es una etiqueta visible, así que cuando toca pagar la factura no parece una tarifa a cambio de algo bueno. Da la sensación de que es una multa por haber hecho algo malo. Y, mientras que por lo general la gente acepta tener que pagar multas, se supone que las multas hay que evitarlas. Se supone que tienes que tomar decisiones que se anticipen a las multas y las eviten. Las multas de tráfico o las de Hacienda indican que cometiste algún error y que mereces ser castigado. La respuesta natural de alguien que ve cómo disminuye su riqueza y que se toma esa disminución como una multa es evitar multas posteriores.

Suena como algo baladí, pero pensar en la volatilidad del mercado como una tarifa en vez de como una multa es una parte importante de desarrollar la suerte de mentalidad que te va a permitir mantenerte fiel a tus inversiones lo bastante para que las ganancias de tales inversiones trabajen a tu favor.

Pocos inversores están dispuestos a decir: «En realidad no pasa nada si pierdo un 20 % de mi dinero». Esto es doblemente cierto para los nuevos inversores que nunca han experimentado una caída del 20 %.

Sin embargo, si ves la volatilidad como una tarifa, las cosas ya se ven de otra forma.

Las entradas a Disneyland cuestan 100 dólares. Pero a cambio pasas un día maravilloso con tus hijos que nunca olvidarás. El año pasado, más de 18 millones de personas creyeron que merecía la pena pagar el precio de esas entradas. Pocos vieron esos 100 dólares como un castigo o una multa. La compensación de las tarifas es obvia cuando está claro que estás pagando una.

Lo mismo ocurre con las inversiones, donde la volatilidad es casi siempre una tarifa, no una multa.

La rentabilidad del mercado nunca es gratuita y nunca lo será. Se te exige que pagues un precio, como con cualquier otro producto. No estás obligado a pagar esa tarifa, del mismo modo que nadie te obliga a ir a Disneyland. Puedes ir a la feria de tu condado, donde las entradas te costarán unos diez dólares, o puedes quedarte en casa y no vas a gastar nada. Así también puedes pasártelo bien. Pero, por lo general, recibes aquello por lo que pagas. Pues sucede lo mismo con los mercados. La tarifa de la volatilidad/incertidumbre —el precio de la rentabilidad— es el coste de entrada para conseguir beneficios mayores que con los parques que tienen entradas baratas, como la liquidez y los bonos.

El truco está en convencerte de que la tarifa del mercado merece la pena. Esa es la única forma de encarar debidamente la volatilidad y la incertidumbre: no solo tolerándola, sino percatándote de que es una tarifa de entrada que vale la pena pagar.

No hay garantía de que merecerá la pena. En Disneyland a veces llueve.

Pero, si ves la tarifa de entrada como una multa, nunca vas a disfrutar de la magia.

Descubre cuál es el precio y luego págalo.

16.

Tú eres tú y yo soy yo

Guárdate de seguir los ejemplos financieros de personas que juegan a un juego distinto del tuyo.

L A IMPLOSIÓN DE la burbuja de las puntocom a comienzos del 2000 redujo la riqueza de los hogares en 6,2 billones de dólares.

El final de la burbuja inmobiliaria se llevó por delante más de ocho billones de dólares.

Es evidente lo devastadoras que pueden ser las burbujas financieras en la sociedad. Arruinan vidas.

¿Por qué ocurren esas cosas?

Y ¿por qué siguen sucediendo?

¿Por qué no aprendemos la lección?

La respuesta habitual a esa pregunta es que la gente es avariciosa, y la avaricia es una característica indeleble de la naturaleza humana.

Puede que eso sea cierto, y para la mayor parte de la gente es una respuesta suficientemente satisfactoria. Pero recuerda lo que dijimos en el capítulo 1: nadie está loco. La gente toma decisiones financieras de las que se arrepiente, y a menudo lo hace con escasa información y sin lógica. Pero las decisiones tenían sentido para ellos cuando las tomaron. Echar la culpa de las burbujas a la avaricia y no ahondar más en sus causas omite lecciones importantes sobre cómo y por qué la gente racionaliza lo que, retrospectivamente, parecen decisiones tomadas por avaricia.

El motivo, en parte, de que sea difícil aprender la lección tras una burbuja es que las burbujas no son como el cáncer, en el que una biopsia nos da una señal y un diagnóstico claros. Las burbujas se parecen más al ascenso y a la caída de un partido político, un proceso en el que el resultado se sabe posteriormente, pero nunca se alcanza un consenso sobre su causa y sus culpables.

La competencia para conseguir rentabilidad de inversión es feroz, y alguien debe ser propietario de cada activo en cada instante. Esto significa que el mero concepto de burbuja siempre va a ser controvertido, pues nadie quiere pensar que tiene en sus manos un activo sobrevalorado. Al echar la vista atrás, es más probable que señalemos culpables con cinismo que no que aprendamos lecciones.

No creo que seamos nunca capaces de explicar del todo por qué suceden las burbujas. Es como preguntarse por qué existen las guerras: casi siempre concurren varios motivos, muchos de ellos contrapuestos, todos ellos polémicos.

Es un asunto demasiado complejo para que demos respuestas simples.

Aun así, déjame que proponga una razón de su existencia que suele olvidarse y que se te aplica a ti personalmente: a menudo los inversores siguen inocentemente el ejemplo de otros inversores que juegan a un juego distinto al suyo.

En finanzas existe una idea que parece ingenua, pero que ha causado un daño incalculable.

Es la noción de que los activos tienen un precio racional en un mundo donde los inversores tienen objetivos y horizontes temporales distintos.

Plantéate esta pregunta: ¿cuánto deberías pagar por una acción de Google actualmente?

La respuesta depende de quién seas *tú*.

¿Tienes un horizonte temporal de treinta años? Entonces, el precio inteligente que se ha de pagar incluye un análisis sensato de los flujos de caja descontados de Google durante los próximos treinta años.

¿Tienes la intención de recuperar la liquidez dentro de diez años? Entonces, el precio que se ha de pagar puede calcularse haciendo un análisis del potencial del sector tecnológico durante la próxima década y evaluando si los directivos de Google podrán hacer realidad sus planes.

¿Piensas vender dentro de un año? Entonces, presta atención a los ciclos de venta de los productos actuales de Google y a si se acerca un mercado bajista.

¿Eres un operador intradía? Entonces, el precio inteligente que se ha de pagar es «¿Qué más da?», porque solo estás intentando sacarte un dinerito de lo que sea que ocurra entre ahora mismo y la hora de comer, lo cual puede conseguirse a cualquier precio.

Cuando los inversores tienen objetivos y horizontes temporales distintos —y esto se da en todas las clases de activos—, precios que parecen ridículos para una persona pueden tener sentido para otra, porque los factores a los que esos inversores prestan atención son diferentes.

Recordemos la burbuja de las puntocom en los noventa.

Alguien puede fijarse en las acciones de Yahoo! en 1999 y decir: «¡Aquello era un disparate! ¡Tropecientas mil veces sus ingresos! ¡Aquella valoración de mercado no tenía ningún sentido!».

No obstante, muchos inversores que tenían acciones de Yahoo! en 1999 tenían horizontes temporales tan cortos que *para ellos tenía sentido* pagar un precio descabellado. Un operador intradía podía lograr lo que él necesitaba tanto si las acciones de Yahoo!

se cotizaban a 5 dólares como a 500, siempre que ese día el precio se moviera en la dirección adecuada. Y así fue durante años.

Una regla de oro de las finanzas es que el dinero aspira a la mayor rentabilidad posible. Si un activo lleva una buena inercia —ha ido aumentando de precio constantemente durante un determinado periodo—, no es ningún disparate que un grupo de operadores cortoplacistas suponga que seguirá al alza. No de manera indefinida, pero sí durante el corto lapso que ellos necesitan. La inercia, por motivos razonables, atrae a operadores a corto plazo.

Y luego, ya la tenemos armada.

Las burbujas se forman cuando la inercia de la rentabilidad a corto plazo atrae suficiente dinero para que buena parte de los inversores dejen de apostar mayoritariamente por el largo plazo y empiecen a apostar mayoritariamente por el corto plazo.

Este proceso se retroalimenta. A medida que los operadores hacen aumentar la rentabilidad a corto plazo, atraen a todavía más operadores. Al cabo de poco, y a menudo es bien poco, los que fijan los precios dominantes en el mercado y que tienen mayor autoridad son los que tienen horizontes más cercanos.

Las burbujas no se deben tanto al aumento de las valoraciones. Eso es solo un síntoma de otra cosa: de que los horizontes temporales se reducen a medida que más operadores cortoplacistas entran en el terreno de juego.

Suele decirse que la burbuja de las puntocom fue un tiempo de optimismo irracional con respecto al futuro. Pero uno de los titulares más frecuentes de esa época era el anuncio de un volumen récord de operaciones, que es lo que ocurre cuando los inversores compran y venden en un solo día. Los inversores, sobre todo los que fijaban los precios, no pensaban en los siguientes veinte años. El fondo mutualista medio tuvo una rotación anual de un

120 % en 1999, lo que significa que, a lo sumo, estaban pensando en los próximos ocho meses. Y lo mismo hacían los inversores individuales que compraron esos fondos mutualistas. En su libro *Bull!* [¡Mercado alcista!], Maggie Mahar escribió:

> Para mediados de los años noventa, la prensa había sustituido las puntuaciones anuales por informes que aparecían cada tres meses. El cambio animó a los inversores a aspirar a conseguir un mayor rendimiento, y se apresuraban a comprar los fondos que ocupaban los primeros puestos de las tablas justo cuando estaban más caros.

Esa era la época de las operaciones intradía, los contratos de opciones a corto plazo y los comentarios sobre el mercado al minuto. No son la especie de cosas que asociaríamos con tener perspectivas a largo plazo.

Y lo mismo sucedió durante la burbuja inmobiliaria de mediados del 2000.

Cuesta entender que alguien pague 700.000 dólares por una casa de dos habitaciones en Florida para criar a su familia en los próximos diez años. Pero tiene todo el sentido del mundo si ese alguien tiene pensado deshacerse de la vivienda a los pocos meses para colocarla en un mercado con los precios en alza con tal de conseguir beneficios rápidos. Y eso es exactamente lo que estuvo haciendo mucha gente durante la burbuja.

Datos de Attom, una empresa que monitorea transacciones inmobiliarias, ponen de manifiesto que el número de viviendas en Estados Unidos que se vendieron más de una vez en un periodo de doce meses —una técnica llamada *flipping*— se multiplicó por cinco durante la burbuja, de 20.000 en el primer trimestre del año 2000 a más de 100.000 en el primer trimestre de 2004.[54] El *flipping* se desplomó después de la burbuja hasta menos de

40.000 viviendas por trimestre, donde ha permanecido, aproximadamente, desde entonces.

¿Crees que a esos vendedores a corto plazo les importaba la proporción a largo plazo entre precio y alquiler? ¿O si los precios que pagaban guardaban relación con un crecimiento de los ingresos a largo plazo? Por supuesto que no. Para sus juegos, esas cifras eran irrelevantes. Lo único que les importaba era que el precio de la vivienda fuera mayor al mes siguiente de lo que era ese mes. Y así fue durante muchos años.

Pueden decirse muchas cosas sobre esos inversores. Se les puede llamar especuladores. Se les puede llamar irresponsables. Puede uno quedar consternado ante su voluntad de asumir unos riesgos enormes.

Pero no creo de podamos llamarlos irracionales.

La formación de burbujas no se debe tanto a que la gente tome parte irracionalmente en inversiones a largo plazo. Se debe a que la gente, en cierto modo racionalmente, se agolpa en las operaciones a corto plazo para aprovechar una inercia que se ha alimentado a sí misma.

¿Qué esperas que haga la gente cuando la inercia crea un gran potencial de rentabilidad a corto plazo? ¿Que esperen pacientes a ver qué ocurre? Eso nunca. El mundo no funciona así. La gente siempre irá en pos de los beneficios. Y los operadores cortoplacistas actúan en un área donde se ignoran las normas que regulan la inversión a largo plazo —especialmente por lo que respecta a las valoraciones— porque son irrelevantes para el juego al que ellos juegan.

Ahí es donde las cosas se ponen interesantes, y donde empiezan los problemas.

Las burbujas causan estragos cuando inversores a largo plazo que están jugando a lo suyo empiezan a seguir el ejemplo de unos operadores a corto plazo que juegan a otra cosa.

Las acciones de Cisco aumentaron un 300 % en 1999, hasta los 60 dólares por unidad. A ese precio, la compañía tenía una capitalización bursátil de 600.000 millones de dólares, lo que es un disparate. Eran pocos los que creían que la empresa tuviera ese valor; pero los operadores intradía se lo estaban pasando en grande. Una vez, el economista Burton Malkiel señaló que el índice de crecimiento implícito de Cisco a ese valor de capitalización llevaría a que, en un plazo de veinte años, sobrepasara el valor del conjunto de la economía de Estados Unidos.

No obstante, si eras un inversor a largo plazo en 1999, 60 dólares era el único precio disponible a la hora de comprar. Y mucha gente compraba acciones a ese precio. Así que podrías haber mirado a tu alrededor y podrías haber dicho: «Vaya, quizás esos otros inversores saben algo que yo no sé». Tal vez seguiste la corriente. E incluso te sentiste inteligente por hacerlo.

De lo que no te diste cuenta es de que los operadores que fijaban el precio marginal de las acciones estaban jugando a un juego distinto del que jugabas tú. Los 60 dólares por acción era un precio razonable para los operadores, porque pensaban vender las acciones antes de terminar el día, cuando su precio probablemente sería mayor. Pero 60 dólares era un desastre en ciernes para ti, porque tú tenías pensado conservar las acciones durante un plazo largo.

Esos dos inversores raramente saben ni siquiera de la existencia del otro. Pero están en el mismo terreno de juego, corriendo el uno hacia el otro. Cuando sus trayectorias chocan invisiblemente, alguno de los dos se hace daño. Muchas decisiones sobre finanzas e inversión están basadas en observar lo que hace la gente y, o bien imitarla, o apostar en su contra. Pero cuando no sabes por qué alguien se comporta de la forma en que lo hace, no sabes cuánto tiempo seguirá actuando de esa forma, qué le hará cambiar de opinión o si algún día aprenderá la lección.

Cuando un analista dice en la CNBC: «Deberían comprar tal acción», acuérdate de que él no sabe quién eres tú. ¿Eres un adolescente que compra acciones por diversión? ¿Eres una viuda anciana con un presupuesto limitado? ¿Eres un gestor de fondos de inversión libre que intenta cuadrar las cuentas antes de que termine el trimestre? ¿Debemos suponer que esas tres personas tienen las mismas prioridades y que independientemente del nivel concreto en el que se esté cotizando una acción va a ser una opción adecuada para los tres?

Esto es un disparate.

Cuesta comprender que otros inversores tengan objetivos distintos a los nuestros, porque un pilar de la psicología es que no nos damos cuenta de que las personas racionales pueden ver el mundo desde una óptica distinta de la nuestra. Los precios en aumento persuaden a todos los inversores hasta extremos que son la envidia de los mejores expertos en *marketing*. Son un medicamento que puede convertir a inversores conscientes del valor en optimistas de ojos lacrimosos, desgajados de su propia realidad por las acciones de alguien que juega a un juego distinto del suyo.

Estar bajo el influjo de personas que juegan a otro juego a ti también puede confundirte con respecto a cómo piensas que debes gastar tu dinero. Buena parte de los gastos de los consumidores, sobre todo en los países desarrollados, tiene su origen en una motivación social: están sutilmente influenciados por las personas a las que admiras y se llevan a cabo porque sutilmente quieres que la gente te admire.

No obstante, mientras podemos ver cuánto dinero destinan los demás a coches, casas, ropa y vacaciones, no logramos ver sus objetivos, sus preocupaciones y sus aspiraciones. Un joven abogado que aspira a ser socio de un prestigioso bufete puede que necesite mantener cierta apariencia que yo, alguien que escribe libros y puede trabajar en chándal, no tengo necesidad de cultivar. Pero, cuando sus compras determinan mis expectativas, me adentro en un camino de potencial decepción, porque estoy gastando el dinero sin el incentivo profesional que él sí tendrá. Puede incluso que ni siquiera tengamos estilos de vida distintos. Simplemente jugamos a un juego diferente. Tardé años en entender esto.

La lección que hay que extraer de ello es que pocas cosas importan más, en cuestiones de dinero, que entender cuál es tu propio horizonte temporal y no dejarte arrastrar por las acciones y el comportamiento de personas que juegan a juegos distintos del tuyo.

Lo más importante que te puedo recomendar es que hagas todo lo que esté a tu alcance para identificar a qué juego estás jugando tú.

Es asombroso los pocos que lo hacemos. A todo el mundo que invierte dinero lo llamamos «inversor», como si fueran jugadores de baloncesto, todos jugando al mismo juego con las mismas reglas. Cuando te das cuenta de lo errónea que es esta idea, ves lo vital que es sencillamente identificar cuál es tu juego. La forma en que invierto mi dinero se detalla en el capítulo 20, pero hace años escribí: «Yo soy un inversor pasivo, optimista ante la capacidad del mundo de generar un crecimiento económico real, y estoy convencido de que durante los próximos treinta años ese crecimiento beneficiará mis inversiones».

Esto puede sonar pintoresco, pero, una vez que pones por escrito esta declaración de intenciones, te das cuenta de que todo lo que está relacionado con ella —los resultados del mercado para este año o si el año que viene viviremos una recesión— forma parte de un juego que no es al que yo estoy jugando. Así que a todo eso no le presto atención y no corro el peligro de que me arrastre a actuar.

Y ahora, hablemos del pesimismo.

17.
La seducción del pesimismo

El optimismo suena a un argumento comercial.
El pesimismo, por el contrario, suena a alguien
que intenta ayudarte.

«Por razones que nunca he entendido, a la gente le gusta oír
que el mundo se está yendo al garete.»

Deirdre McCloskey, historiadora

El optimismo es la mejor apuesta para la mayor parte de la gente, porque el mundo tiende a mejorar para la mayor parte de la gente la mayor parte de las veces. Pero el pesimismo ocupa un lugar especial en nuestros corazones. El pesimismo es más habitual que el optimismo. Y al mismo tiempo parece una opción más inteligente. Es cautivador intelectualmente, y se le presta más atención que al optimismo, que con frecuencia pensamos que se olvida del riesgo.

Antes de seguir, deberíamos definir qué es el optimismo. Los auténticos optimistas no creen que todo vaya a ir fenomenal. Eso es ser autocomplaciente. El optimismo es creer que la probabilidad de que salga un buen resultado está a tu favor a la larga, aunque por el camino vaya a haber contratiempos. La sencilla idea de que la mayor parte de la gente se levanta por la mañana intentando hacer que las cosas sean un poquito mejores y más productivas en lugar de levantarse buscando causar problemas es la base del optimismo. No es algo complicado. Pero tampoco está garantizado. Es, sencillamente, la apuesta más razonable para la mayoría de la gente la mayor parte de las veces. El estadístico Hans Rosling, ya fallecido, lo expresó de otra forma: «Yo no soy optimista. Soy un posibilista muy serio».

Ahora podemos hablar del hermano más convincente del optimismo: el pesimismo.

———

29 de diciembre de 2008.

El peor año para la economía de la historia contemporánea está a punto de terminar. Los mercados bursátiles del mundo entero se han desplomado. El sistema financiero mundial está en la uci. El paro está subiendo.

Cuando parecía que las cosas ya no podían ir peor, el *Wall Street Journal* publicó una noticia en la que se sostenía que aún no habíamos visto nada. Era un artículo en primera página sobre los pronósticos del profesor ruso Ígor Panarin, cuyas perspectivas económicas rivalizan con el atractivo de los escritores de ciencia ficción.

Publicaba el *Wall Street Journal:*

A finales de junio de 2010, o a principios de julio, dice [Panarin], Estados Unidos se descompondrá en seis partes; Alaska volverá al control ruso [...]. California constituirá el núcleo de lo que él llama «República Californiana» y formará parte de China o estará bajo influencia china. Texas será el centro de la «República Texana», un conjunto de estados que estarán bajo el poder o la influencia de México. La ciudad de Washington y Nueva York formarán parte de unos «Estados Unidos Atlánticos», que podrían unirse a la Unión Europea. Canadá se adueñará de un grupo de estados norteños que el profesor Panarin denomina «República Central de Norteamérica». Hawái, sugiere Panarin, será un protectorado de Japón o de China, y Alaska quedará incorporada a Rusia.[55]

Esas no eran las divagaciones de un blog secreto ni un boletín conspiranoico. Estaban en la primera plana de uno de los periódicos financieros más prestigiosos del mundo.

Así que no pasa nada por ser pesimista ante la economía. Incluso está bien ser apocalíptico. La historia está llena de ejemplos de países que han experimentado no solo recesiones, sino desintegraciones.

Lo interesante de noticias como la de Panarin es que su polo opuesto, los pronósticos rebosantes de optimismo, casi nunca se toma tan en serio como a los profetas de las calamidades.

Fijémonos en el Japón de finales de los años cuarenta. El país estaba abatido por la derrota en la Segunda Guerra Mundial en todos los aspectos: económicamente, industrialmente, culturalmente y socialmente. En 1946 un invierno cruel provocó una hambruna que limitó la alimentación a menos de 800 calorías por persona y día.[56]

Imagínate que un académico japonés hubiera escrito un artículo en prensa durante esa época que dijera:

Venga, alegren esas caras. Nuestra generación verá crecer la economía de nuestro país hasta casi 15 veces las dimensiones que tenía antes de la guerra. Nuestra esperanza de vida prácticamente se duplicará. Nuestro mercado bursátil generará una rentabilidad que casi ningún otro país ha visto en su historia. Pasaremos más de cuarenta años sin que el desempleo supere nunca el 6 %. Nos convertiremos en un país líder en el mundo en innovación electrónica y en sistemas de gestión empresarial. Dentro de poco seremos tan ricos que seremos propietarios de algunos de los bienes inmuebles de mayor valor de Estados Unidos. Los estadounidenses, por cierto, serán nuestro aliado más cercano e intentarán imitar nuestros conocimientos económicos.

A ese académico lo habrían echado de inmediato de la sala entre carcajadas y le habrían recomendado que pidiera hora al médico.

Ten presente que la descripción anterior es lo que realmente sucedió en Japón en la generación posterior a la guerra. Pero la imagen opuesta a Panarin parece absurda, mientras que un pronóstico calamitoso no lo parece.

Sencillamente, el pesimismo suena como algo más inteligente y más plausible que el optimismo.

Dile a alguien que todo va a ir fenomenal y probablemente se va a encoger de hombros o te va a mirar con escepticismo. En cambio, dile a alguien que está en peligro y te va a escuchar con toda la atención del mundo.

Si alguien inteligente me cuenta que tengo unas acciones que van a multiplicar su valor por diez en el próximo año, yo voy a dejar de hacerle caso de inmediato, ya que eso es un disparate.

En cambio, si alguien totalmente disparatado me cuenta que una acción está a punto de desplomarse porque es un fraude contable, le voy a hacer sitio en mi agenda y voy a escuchar todo lo que tenga que contarme.

Si dicen que se avecina una gran recesión, te abalanzarás sobre los periódicos. Si dicen que nos espera un crecimiento medio, a nadie le va a importar mucho. Si dicen que nos estamos acercando a la próxima Gran Depresión, vas a poner la tele de inmediato. Pero, si mencionan que vienen buenos tiempos, o que los mercados tienen margen para crecer, o que una empresa tiene un potencial enorme, la reacción habitual tanto de analistas como de espectadores es que, o bien eres un vendedor, o eres graciosamente inconsciente de los riesgos.

El sector de los boletines sobre inversiones hace años que sabe eso, y ahora abundan en él los profetas del apocalipsis, pese a operar en un entorno donde el mercado bursátil ha multiplicado su valor por 17.000 en el último siglo (incluyendo los dividendos).

Eso se aplica también más allá de las finanzas. Matt Ridley escribió en su libro *El optimista racional:*

> Un runrún constante de pesimismo suele tapar cualquier canto triunfalista [...]. Si dices que el mundo ha ido mejorando, puede que te llamen ingenuo o insensato. Si dices que el mundo va a seguir yendo a mejor, te consideran un loco abochornante. Por el contrario, si dices que la catástrofe es inminente, puede que recibas una beca McArthur o incluso el Premio Nobel de la Paz. A lo largo de mi vida adulta [...] las razones de moda a favor del pesimismo han variado, pero el pesimismo ha sido constante.

«Cualquier grupo de personas al que se lo pregunto piensa que el mundo es más aterrador, más violento y más desalentador —es decir, más dramático— de lo que realmente es», escribe Hans Rosling en su libro *Factfulness.*

Cuando te das cuenta del progreso que pueden alcanzar los humanos en una vida en toda clase de aspectos, desde el crecimiento económico hasta los avances médicos, pasando por las ganancias bursátiles o la equidad social, lo lógico sería pensar que el optimismo debería tener más predicamento que el pesimismo. Y sin embargo...

El atractivo intelectual del pesimismo se conoce desde hace mucho tiempo. En los años cuarenta del siglo XIX, John Stuart Mill escribió: «He observado que no es el hombre que tiene esperanza cuando los demás la han perdido, sino el que se desespera cuando los demás albergan esperanzas, el que es admirado como un sabio por un gran número de personas». La pregunta es: ¿por qué? Y ¿cómo afecta eso a nuestras ideas sobre el dinero?

———

Permíteme que insista en la premisa de que nadie está loco. Hay motivos legítimos que explican por qué el pesimismo es tentador al abordar cuestiones pecuniarias. Identificar cuáles son esos motivos es útil para asegurarnos de no llevarlos demasiado lejos.

Eso es, en parte, instintivo e inevitable. Kahneman dice que la aversión asimétrica a la pérdida es una protección evolutiva. Escribe Kahneman:

> Al compararlas directamente o al ponderarlas mutuamente, las pérdidas tienen un peso mayor que las ganancias. Esta asimetría entre el poder de las expectativas o de las experiencias positivas y negativas tiene una historia evolutiva. Los organismos que abordan las amenazas con más urgencia que las oportunidades tienen una mayor probabilidad de sobrevivir y reproducirse.

Pero hay otras razones que hacen que el pesimismo financiero sea una opción fácil, frecuente y más convincente que el optimismo.

Una es que el dinero es omnipresente, así que cuando ocurre algo malo suele afectar a todo el mundo y capta la atención de todo el mundo.

Esto no es aplicable, por ejemplo, al tiempo meteorológico. Un huracán que sacude Florida no supone un riesgo directo para el 92 % de los estadounidenses. Pero una recesión que sacude la economía podría afectar a todas las personas. También a ti, así que estate atento.

Y eso vale para algo tan específico como el mercado bursátil. Más de la mitad de los hogares estadounidenses poseen directamente acciones.[57] Incluso entre quienes no tienen acciones, los altibajos de las bolsas aparecen de forma tan destacada en los medios de comunicación que el Dow Jones Industrial Average es probablemente el barómetro económico más seguido por los hogares que no tienen acciones.

Una subida de un 1 % de las acciones quizás se mencione brevemente en el telediario de la noche. Pero de una caída de un 1 % se informará con un titular en mayúsculas y negrita, normalmente de un rojo chillón. Es difícil evitar la asimetría.

Y, aunque son pocos los que cuestionan o intentan explicar por qué el mercado subió —¿no se supone que tiene que subir?—, casi siempre hay alguien que trata de explicar por qué bajó.

¿Están los inversores preocupados por el crecimiento económico?

¿La Reserva Federal ha vuelto a fastidiarla?

¿Los políticos están tomando malas decisiones?

¿Van a ocurrir más desastres?

Los relatos sobre por qué se produjo una caída hacen que sea más fácil hablar acerca de esos declives, que sea más fácil preocuparse y enmarcar una historia en torno a lo que piensas que va a ocurrir en el futuro. Que, normalmente, es más de lo mismo.

Aunque no tengas acciones, este tipo de cosas atraerán tu atención. Solo un 2,5 % de los estadounidenses tenían acciones en vísperas del gran crac de 1929 que desencadenó la Gran Depresión. Pero la mayoría de los estadounidenses —si no el mundo entero— observaron con estupor cómo el mercado se desplomaba, al tiempo que se preguntaban qué significaba aquello para su propio destino. Eso fue así tanto si eras abogado como agricultor o mecánico de coches.

El historiador Eric Rauchway escribe:

> Esa caída del valor afligió inmediatamente solo a unos cuantos estadounidenses. Pero habían seguido su desarrollo tan de cerca los demás, viéndolo como un indicador de su destino, que de repente detuvieron buena parte de su actividad económica. Como escribió el economista ya fallecido Joseph Schumpeter, «la gente tenía la sensación de que se estaba hundiendo el suelo bajo sus pies».[58]

Hay dos cuestiones que afectarán a tu vida tanto si te interesan como si no: el dinero y la salud. Mientras que los problemas de salud suelen ser individuales, las cuestiones económicas son más sistémicas. En un sistema interconectado en el que las decisiones de una persona pueden afectar a los demás, es comprensible que los riesgos financieros acaparen los focos y atraigan la atención como pocos.

Otra es que a menudo los pesimistas extrapolan tendencias actuales sin tener en cuenta cómo se adaptan los mercados.

En 2008 el ambientalista Lester Brown escribió: «Para 2030 China necesitará 98 millones de barriles de petróleo al día. Actualmente, el mundo produce 85 millones de barriles al día y puede que nunca llegue a producir mucho más que eso. Por tanto, adiós a las reservas mundiales de petróleo».[59]

Tenía razón. En ese escenario, el mundo se habría quedado sin petróleo.

Pero los mercados no funcionan así.

Hay una regla de oro en economía: ni las circunstancias extremadamente buenas ni las extremadamente malas permanecen mucho tiempo en su estado extremo, porque la oferta y la demanda se adaptan de formas difíciles de predecir.

Fijémonos en lo que pasó con el petróleo justo después de la predicción de Brown.

En 2008 los precios del petróleo subieron, pues la demanda mundial —buena parte de ella debida a China— se acercó a la producción potencial. El barril de petróleo se vendía a 20 dólares en 2001 y a 138 dólares en 2008.[60]

El nuevo precio significaba que extraer petróleo era como sacar oro de debajo de la tierra. Los incentivos para los productores de petróleo cambiaron drásticamente. Los yacimientos de petróleo difíciles de explotar que no merecían la pena a 20 dólares el barril —el coste de perforar no compensaba el precio al que se podía vender— se volvieron una bendición ahora que el barril podía venderse a 138 dólares.

Eso provocó un aumento de las nuevas tecnologías de fracturación hidráulica y perforación direccional.

La Tierra ha tenido más o menos la misma cantidad de reservas de petróleo durante toda la historia de la humanidad. Y hace ya un tiempo que sabemos dónde se encuentran los grandes depósitos de esta sustancia. Lo que cambia es la tecnología de que disponemos para sacar económicamente el oro negro de debajo del suelo. El experto en historia petrolera Daniel Yergin escribe: «El 86 % de las reservas de petróleo que hay en Estados Unidos no son el resultado de lo que se calcula en el momento de su descubrimiento, sino de las revisiones» que tienen lugar cuando mejora nuestra tecnología.

Eso es lo que sucedió cuando despegó la fracturación hidráulica en 2008. En Estados Unidos solamente, la producción de petróleo aumentó de cerca de 5 millones de barriles al día en 2008 a 13 millones en 2019.[61] Actualmente, la producción petrolera mundial es de 100 millones de barriles al día: aproximadamente un 20 % mayor de lo que Brown conjeturó que sería su máximo.

Para un pesimista que extrapolara las tendencias del sector del petróleo en 2008, desde luego que las cosas pintaban mal. Para un realista que entendiera que la necesidad es la madre de toda la inventiva, el panorama era mucho menos aterrador.

Suponer que algo malo va a permanecer en su estado es un pronóstico fácil de hacer. Y es convincente, porque no requiere imaginar que el mundo va a cambiar. Pero los problemas se corrigen y la gente se adapta. Las amenazas incentivan las soluciones en igual magnitud. Este es un guion habitual de la historia económica que los pesimistas que hacen pronósticos con cerrazón olvidan con demasiada facilidad.

Una tercera es que el progreso tiene lugar demasiado despacio para que nos demos cuenta, pero los contratiempos suceden demasiado deprisa para que los ignoremos.

Hay un montón de tragedias que ocurren de la noche a la mañana. Y, en cambio, apenas hay milagros que ocurran de un día para otro.

El 5 de enero de 1889, el periódico *Detroit Free Press* expresó su desconfianza ante el viejo sueño de que un día el hombre pudiera volar como un pájaro. Los aviones, escribía el periódico, «parecen algo imposible»:

El menor peso posible de una máquina voladora, con el combustible necesario y el ingeniero correspondiente, no podría ser de menos de 300 o 400 libras [entre unos 135 y 180 kilos] [...], pero hay un límite inferior de peso, desde luego de no mucho más de 50 libras [unos 23 kilos], más allá del cual es imposible que un animal vuele. La naturaleza ha alcanzado ese límite, y con su máximo empeño no ha logrado superarlo.

Seis meses después, Orville Wright abandonó la educación secundaria para ayudar a su hermano Wilbur, mecánico aficionado en el cobertizo de su jardín, a construir una prensa para la impresión. Aquel fue el primer invento conjunto de los hermanos Wright. Pero no sería el último.

Si tuviéramos que hacer una lista de los inventos más importantes del siglo XX, el avión estaría al menos entre los cinco primeros, si no en el número uno. El avión lo cambió todo. Empezó guerras mundiales y terminó guerras mundiales. Conectó el mundo, pues acortó distancias entre ciudades y comunidades rurales; entre océanos y entre países.

Sin embargo, la historia del afán de los hermanos Wright por construir el primer avión tiene un giro fascinante.

Tras conquistar la capacidad de volar, nadie parecía darse cuenta. No parecía que a nadie le importara aquello.

En su libro sobre historia de Estados Unidos publicado en 1952, Frederick Lewis Allen escribía:

Transcurrieron varios años hasta que la opinión pública entendió lo que estaban haciendo los Wright; tan convencida estaba la gente de que volar era imposible que la mayoría de quienes los vieron volar por encima de Dayton [Ohio] en 1905 se decantaron por pensar que lo que habían visto tenía que haber sido un truco sin importancia, como la sensación que tendría la mayoría de la gente hoy en día al ver una demostración de, por ejemplo, telepatía. No fue hasta mayo de 1908 —casi cuatro años y medio después del primer vuelo de los Wright— cuando se mandó a reporteros expertos para que observaran lo que aquellos hermanos andaban haciendo, jefes de redacción experimentados dieron plena credibilidad a las entusiastas informaciones de esos reporteros y, finalmente, el mundo abrió los ojos ante el hecho de que el vuelo humano se había hecho realidad.

Incluso después de que la gente entendiera el milagro del avión, lo subestimaron durante años.

Primero se veía principalmente como un arma militar. Luego, como el juguete de un rico. Y más adelante, quizás, como algo que podía usarse para transportar a unas cuantas personas.

El *Washington Post* escribía en 1909: «No existirán nunca los cargueros aéreos comerciales. El transporte de mercancías seguirá arrastrando su lento peso a través de la paciente tierra». Cinco meses después despegaba el primer avión de carga.

Ahora comparemos ese lento —costó años— despertar del optimismo acerca de los aviones con la rapidez con que la gente presta atención a los motores del pesimismo, como las quiebras empresariales.

O las grandes guerras.

O los accidentes aéreos. Algunas de las primeras menciones al avión de los Wright fueron en 1908, cuando un teniente del ejército llamado Thomas Selfridge murió durante un vuelo de demostración.[62]

El crecimiento es fruto del potencial acumulativo, que siempre requiere tiempo. La destrucción, por el contrario, es fruto de puntos de fallo concretos, que pueden ocurrir en segundos, y de la pérdida de confianza, que puede darse en un instante.

Es más fácil crear un relato en torno al pesimismo porque los fragmentos de la historia tienden a ser más frescos y más recientes. Los relatos de optimismo requieren que nos fijemos en un trecho largo de la historia y de las evoluciones, algo que la gente suele olvidar y que requiere un mayor esfuerzo de comprensión.

Pensemos en el progreso de la medicina. Dar un repaso al año anterior nos va a servir de poco. Una década concreta tampoco va a ayudarnos. Pero, si nos fijamos en los últimos cincuenta años, veremos algo extraordinario. Por ejemplo, la tasa de mortalidad por enfermedades cardiovasculares per cápita ajustada a la edad se ha reducido más de un 70 % desde 1965, según el Instituto Nacional de Salud de Estados Unidos.[63] Una disminución de un 70 % en las muertes por cardiopatías es suficiente para salvar cerca de medio millón de vidas de ciudadanos estadounidenses todos los años. Imagínate la población de Atlanta *salvada todos los años*. Pero, puesto que ese progreso ha sido tan lento, capta menos la atención que pérdidas rápidas y repentinas como las derivadas de acciones terroristas, accidentes aéreos o catástrofes naturales. Podríamos sufrir un huracán Katrina cinco veces a la semana todas las semanas —imagínate la atención que se le dedicaría— y no contrarrestaría el número de vidas salvadas anualmente por el declive de las cardiopatías en los últimos cincuenta años.

Pues lo mismo se aplica a los negocios, donde se tarda años en darse uno cuenta de la importancia de un producto o de una empresa, pero, en cambio, los fracasos pueden ocurrir de la noche a la mañana.

Y en los mercados bursátiles, donde una bajada de un 40 % que tiene lugar en seis meses generará investigaciones del Congreso, pero una subida de un 140 % que tenga lugar en seis años pasará prácticamente desapercibida.

Y en las trayectorias profesionales, donde cuesta toda una vida ganarse una buena reputación y basta un solo correo electrónico para deslustrarla.

El breve pinchazo del pesimismo se impone, mientras que el fuerte tirón del optimismo pasa inadvertido.

Eso subraya un punto importante que hemos señalado anteriormente en este libro: en las inversiones tienes que identificar el precio del éxito —volatilidad y pérdidas ante un largo telón de fondo de crecimiento— y estar dispuesto a pagarlo.

———

En 2004 el *New York Times* entrevistó al científico Stephen Hawking, víctima de una enfermedad motoneuronal, una afección incurable, que lo dejó paralizado e incapaz de hablar a los veintiún años.

Con la ayuda de su ordenador, Hawking le contó al entrevistador lo mucho que le entusiasmaba vender libros a personas profanas en la materia.

«¿Siempre está usted tan alegre?», le preguntó el periodista del *Times*.

«Mis expectativas quedaron reducidas a cero cuando tenía veintiún años. Desde entonces todo ha sido un extra», respondió Hawking.

Tener la expectativa de que las cosas van a ser una maravilla significa que encontrarte en el mejor escenario posible te va a parecer poca cosa. El pesimismo, en cambio, reduce las expectativas y acorta la distancia entre los resultados posibles y los resultados que te harán sentir de maravilla.

Tal vez por eso el pesimismo sea tan seductor. Tener la expectativa de que las cosas van a salir mal es la mejor manera de estar agradablemente sorprendido cuando salen bien.

Y eso, por irónico que suene, es algo por lo que hay que ser optimista.

Ahora, un breve relato sobre los relatos.

18.

Cuando vas a creerte cualquier cosa

Las ficciones tentadoras y por qué los relatos son más poderosos que las estadísticas.

IMAGÍNATE A UN alienígena al que han enviado a la Tierra. Su tarea es controlar nuestra economía.

El *alien* da vueltas por encima de la ciudad de Nueva York intentando calibrar la economía y cómo cambió entre 2007 y 2009.

En Nochebuena de 2007 planea sobre Times Square. Ve a decenas de miles de personas festejando con alegría, rodeadas de luces brillantes, enormes carteles publicitarios, fuegos artificiales y cámaras de televisión.

Vuelve a Times Square en Nochebuena de 2009. Ve a decenas de miles de personas festejando con alegría, rodeadas de luces brillantes, enormes carteles publicitarios, fuegos artificiales y cámaras de televisión.

El panorama es prácticamente igual. No ve gran diferencia.

Ve más o menos el mismo número de neoyorquinos circulando ajetreados por la ciudad. Esas personas están rodeadas por la misma cantidad de edificios de oficinas, que cuentan con la misma cantidad de escritorios y la misma cantidad de ordenadores, enchufados a la misma cantidad de conexiones a internet.

Fuera de la ciudad, ve la misma cantidad de fábricas y almacenes, conectados por las mismas autopistas, por las que circula el mismo número de camiones.

Se acerca un poco más al suelo y ve las mismas universidades enseñando los mismos temas y otorgando los mismos títulos a la misma cantidad de personas.

Ve el mismo número de patentes, que protegen la misma cantidad de ideas innovadoras.

Se da cuenta de que la tecnología ha mejorado. En 2009 todo el mundo lleva encima teléfonos móviles que no existían en 2007. Ahora los ordenadores son más rápidos. La medicina es mejor. Los coches consumen menos combustible. La tecnología solar y la fracturación hidráulica han ganado terreno. Las redes sociales han crecido exponencialmente.

Mientras sobrevuela el país, ve lo mismo. Y al sobrevolar el planeta entero, más de lo mismo.

Llega a la conclusión de que la economía está más o menos en la misma forma, o quizás incluso mejor, en 2009 de lo que estaba en 2007.

Luego echa un vistazo a las cifras.

Queda estupefacto al ver que las familias estadounidenses perdieron de 2007 a 2009 cerca de 16 billones.

Queda atónito al ver que diez millones más de estadounidenses están desempleados.

No puede creer que el mercado bursátil haya reducido su valor a la mitad con respecto a dos años antes.

No le entra en la cabeza que se hayan derrumbado las previsiones que tiene la gente acerca de su potencial económico.

«No lo entiendo —dice—. He visto las ciudades. Me he fijado en las fábricas. Terrícolas: tenéis los mismos conocimientos, las mismas herramientas, las mismas ideas. ¡Nada ha cambiado! ¿Por qué sois más pobres? ¿Por qué sois más pesimistas?»

Hubo entre 2007 y 2009 un cambio que el *alien* no pudo ver: los relatos que nos contamos a nosotros mismos sobre la economía.

En 2007 nos contábamos un relato sobre la estabilidad de los precios inmobiliarios, la prudencia de los banqueros y la capacidad de los mercados financieros de poner un precio acertado al riesgo.

En 2009 dejamos de creernos esa historia.

Eso es lo único que cambió. Pero supuso una gran diferencia en el mundo.

Una vez que se desmoronó el relato de que los precios de las viviendas seguirían creciendo, aumentaron los impagos hipotecarios, luego los bancos perdieron dinero, luego redujeron los préstamos a otras empresas, lo cual desembocó en despidos, lo que hizo disminuir el gasto, lo cual condujo a más despidos, etcétera, etcétera.

Aparte de habernos aferrado a un nuevo relato, en 2009 teníamos una capacidad idéntica, si no mayor, de crear riqueza y crecimiento a la que teníamos en 2007. Y, sin embargo, la economía sufrió su peor batacazo en ochenta años.

Eso es distinto de lo que ocurrió, por ejemplo, en Alemania en 1945, cuya base industrial había quedado arrasada. O en el Japón del año 2000, cuya población activa iba a la baja. Eso es un daño económico *tangible*. En 2009 nos infligimos un daño a nosotros mismos en forma de relato, y fue algo despiadado. Esa es una de las fuerzas económicas más potentes que existen.

Cuando pensamos en el crecimiento de las economías, los negocios, las inversiones y las carreras profesionales, solemos pensar en cosas tangibles: ¿cuántas cosas tenemos y de cuántas somos capaces?

No obstante, los relatos son de lejos la fuerza más poderosa de la economía. Son el combustible que hace que las partes tangibles de la economía funcionen o el freno que retiene nuestras capacidades.

A nivel personal, hay dos cosas que uno debe tener en cuenta sobre este mundo impulsado por los relatos al gestionar el dinero.

---

1. Cuanto más desees que algo sea verdad, mayor será la probabilidad de que te creas un relato que sobrevalore la probabilidad de que sea verdad.

¿Cuál fue el día más feliz de tu vida?

El documental *How to Live Forever* [Cómo vivir para siempre] plantea esta inocente pregunta a una mujer centenaria, que da una respuesta asombrosa.

«El día del armisticio», dice la mujer, en referencia al pacto de 1918 que puso fin a la Primera Guerra Mundial.

«¿Por qué?», le pregunta el productor.

«Porque en ese momento sabíamos que se terminarían las guerras para siempre», responde ella.

Veintiún años después estalló la Segunda Guerra Mundial, un conflicto que mató a 75 millones de personas.

Hay cosas en la vida que pensamos que son ciertas porque deseamos desesperadamente que lo sean.

A esas cosas yo las llamo «ficciones tentadoras». Tienen una gran influencia sobre lo que pensamos en términos monetarios, especialmente en las inversiones y la economía.

Una ficción tentadora se da cuando eres inteligente, quieres encontrar soluciones, pero te ves ante una combinación de control limitado y alto riesgo.

Son extremadamente poderosas. Pueden hacerte creer casi cualquier cosa.

Veámoslo con un breve ejemplo.

El hijo de Ali Hajaji estaba enfermo. En su aldea en Yemen, los ancianos le propusieron un remedio popular: meter un palo ardiendo a través del pecho de su hijo para eliminar la enfermedad del cuerpo del crío.

Tras el procedimiento, Hajaji dijo al *New York Times:* «Cuando no tienes dinero y tu hijo está enfermo, te crees cualquier cosa».[64]

La idea de lo que es la medicina antecede a la medicina en miles de años. Antes del método científico y del descubrimiento de los gérmenes, existían las sangrías, la terapia por inanición, el abrir orificios en el cuerpo de los enfermos para que salieran los males, y otros tratamientos que no hacían más que acelerar la muerte.

Parece una locura, pero, si necesitas desesperadamente una solución y no sabes o no tienes a tu alcance una buena, la opción más fácil es seguir el razonamiento de Hajaji: estar dispuesto a creerte cualquier cosa. No solo a intentarlo, sino a creértelo.

En su crónica de la Gran Plaga de Londres, Daniel Defoe escribía en 1722:

> La gente era más adicta a las profecías y a los conjuros astrológicos, a los sueños y a los mitos populares de lo que nunca lo había sido o sería [...]. Los almanaques los asustaban terriblemente [...]. Los postes de las casas y las esquinas de las calles estaban recubiertos con anuncios de médicos y con carteles de tipos ignorantes, que actuaban como charlatanes e invitaban a la gente a acudir a ellos para conseguir remedios, los cuales solían anunciarse con florituras como estas: «Píldoras profilácticas infalibles contra la peste»; «Conservantes imbatibles contra las infecciones»; «Pócimas excelentes contra la corrupción del aire».

La peste mató a una cuarta parte de la población de Londres en dieciocho meses. Uno se cree cualquier cosa cuando hay tanto en juego.

Ahora piensa cómo la misma información limitada y el alto riesgo influyen en nuestras decisiones financieras.

¿Por qué la gente presta atención a los análisis sobre inversiones que ve en la tele, que tienen pocos antecedentes de éxito? En parte porque te juegas mucho al invertir. Si eliges un puñado de acciones acertadas, puedes hacerte rico sin un gran esfuerzo. Si hay una probabilidad de un 1 % de que la predicción de alguien se haga realidad y el hecho de que se haga realidad va a cambiarte la vida, no es ninguna locura prestarle atención. Por si acaso.

Y hay muchas opiniones financieras en las que, una vez que eliges una estrategia o un bando, te involucras en ellas tanto financiera como psicológicamente. Si quieres que una determinada acción multiplique su valor por diez, esa es tu tribu. Si piensas que una determinada política económica generará una hiperinflación, ese es tu bando.

Estas pueden ser apuestas con una baja probabilidad. El problema está en que los espectadores no pueden, o no logran, calibrar probabilidades bajas, como de un 1 %. Muchos fracasan por creer firmemente que lo que quieren que sea cierto será inequívocamente cierto. Pero solo hacen esto porque existe la posibilidad de que se produzca un resultado magnífico.

Invertir es uno de los únicos ámbitos que ofrece oportunidades diarias de conseguir recompensas extremas. La gente se cree a los charlatanes financieros hasta un punto que nunca se creerían, por ejemplo, a los charlatanes meteorológicos, porque las recompensas de pronosticar correctamente el comportamiento de la bolsa la semana que viene están en un universo distinto de las recompensas de pronosticar que va a hacer sol o que va a llover la próxima semana.

Recordemos que el 85 % de los fondos mutualistas de gestión activa sacaron peores resultados que su indicador de referencia durante los diez años que terminaron en 2018.[65] Esta cifra ha permanecido bastante estable durante generaciones.

Podría uno pensar que un sector con tan malos resultados sería un servicio nicho y que le costaría mucho mantener la actividad. Pues hay casi cinco billones de dólares invertidos en esos fondos.[66] Dale a la gente la posibilidad de invertir junto al «próximo Warren Buffett» y se lo creerán con tanta fe que millones de personas pondrán los ahorros de su vida en eso.

O fijémonos en Bernie Madoff. Retrospectivamente, su estafa piramidal debería haber sido obvia. Decía conseguir rentabilidades que nunca variaban, sus cuentas eran sometidas a auditorías por parte de una empresa de contabilidad relativamente desconocida y se negaba a publicar mucha información sobre cómo se cosechaban los beneficios. Y, aun así, Madoff recaudó miles de millones de dólares de algunos de los inversores más sofisticados del mundo. Contaba una buena historia, y la gente quería creérsela.

Esta es una razón importante de por qué son indispensables el margen de error, la flexibilidad y la independencia financiera, cuestiones importantes de las que he hablado en anteriores capítulos.

Cuanto mayor es la brecha entre lo que quieres que sea verdad y lo que necesitas que sea verdad para obtener un resultado aceptable, más te estás protegiendo para no caer víctima de una ficción financiera tentadora.

Al considerar el margen de error de una predicción, es tentador pensar que los resultados potenciales alcanzan desde acertar un poquito hasta acertar de lleno. Pero el mayor riesgo es que desees tanto que algo sea cierto que el alcance de tu pronóstico no esté ni en el mismo terreno de juego que la realidad.

En su última reunión de 2007, la Reserva Federal predijo el crecimiento económico para 2008 y 2009.[67] Con una economía a la baja, el pronóstico no fue optimista. La Reserva Federal predijo un rango de crecimiento potencial de entre un 1,6 % y un

2,8 %. Ese era su margen de seguridad, su margen de error. No obstante, en la práctica la economía se contrajo más de un 2 %, lo cual significa que la estimación por la parte baja de la Reserva Federal era errónea por casi el triple.

Es difícil que un organismo responsable prediga una recesión tremenda, porque una recesión les complicará su vida profesional. Por tanto, incluso las proyecciones que contemplan el peor escenario posible raramente prevén algo peor que solo un crecimiento «ralentizado». Es una ficción tentadora, y es fácil de creer porque esperar que vaya a acontecer algo peor es demasiado doloroso de concebir.

Es fácil criticar a los responsables políticos, pero todos nosotros hacemos esto en cierta medida. Y lo hacemos en ambas direcciones. Si piensas que se acerca una recesión y recuperas anticipadamente el dinero que has invertido en acciones, tu visión de la economía va a estar de repente distorsionada por lo que quieres que ocurra. Cada pequeña incidencia y cada anécdota te van a parecer una señal de que ha llegado la fatalidad; puede que no porque haya llegado, sino porque tú lo quieres.

Los incentivos son un elemento motivador potente, y deberíamos recordar siempre cómo influyen en nuestras metas y perspectivas financieras. Nunca está de más repetirlo: no hay mayor fuerza en las finanzas que el margen de error; y cuanto más hay en juego, mayor debería ser este margen.

2. Todos tenemos una visión incompleta del mundo. Pero nos creamos un relato completo para llenar las lagunas.

En el momento de escribir esto, mi hija tiene aproximadamente un año. Siente curiosidad por todo y aprende muy deprisa.

Pero a veces pienso en todo lo que no puede entender.

No tiene ni idea de por qué su padre va a trabajar todas las mañanas.

El concepto de las facturas, los presupuestos, las carreras profesionales, los ascensos y los ahorros para la jubilación son algo completamente ajeno a ella.

Imagínate intentar explicarle qué son la Reserva Federal, los instrumentos de crédito derivados o el Tratado de Libre Comercio de América del Norte (NAFTA, por sus siglas en inglés). Imposible.

Pero su mundo no es oscuro. No deambula por ahí perdida en la confusión.

Aun teniendo solo un año, ha elaborado su propio relato interno sobre cómo funciona todo. Las sábanas te calientan, los arrumacos de mamá te hacen sentir seguro y los dátiles saben bien.

Todo aquello con lo que se topa entra en alguno de las pocas decenas de modelos mentales que ha aprendido. Cuando yo me voy a trabajar, ella no se queda confundida preguntándose qué son los salarios y las facturas, sino que tiene una explicación clarísima de la situación: papá no está jugando conmigo, yo quería que jugase conmigo, y por eso estoy triste.

Aunque sabe pocas cosas, no es consciente de su ignorancia, porque se cuenta una historia coherente de lo que está pasando basada en lo poco que sabe.

Todos nosotros, tengamos la edad que tengamos, hacemos lo mismo.

Al igual que mi hija, yo no sé lo que no sé. Así que soy tan susceptible como ella de explicarme el mundo mediante el número limitado de modelos mentales que tengo a mi disposición.

Como ella, busco las causas más comprensibles en todo lo que me encuentro. Y, como ella, me equivoco en muchos casos, porque sé mucho menos sobre cómo funciona el mundo de lo que creo que sé.

Y esto vale para la mayor parte de los temas que se basan en hechos.

Es el caso de la historia. La historia no es más que narrar lo que ya sucedió. Debería ser una tarea clara y objetiva. No obstante, como escribe B. H. Liddell Hart en su libro *Why Don't We Learn From History?* [¿Por qué no aprendemos de la historia?]:

> [La historia] no puede interpretarse sin la ayuda de la imaginación y la intuición. La mera cantidad de datos es tan abrumadora que es inevitable hacer una selección. Y en cuanto hay selección, hay arte. Quienes estudian la historia tienden a buscar lo que les da la razón y que confirma sus opiniones personales. Defienden lealtades. Leen con el propósito de afirmar o atacar. Se resisten a aceptar verdades incómodas, pues todo el mundo quiere estar del lado de los ángeles. Al igual que empezamos guerras para acabar con todas ellas.

Una vez Daniel Kahneman me habló de las historias que la gente se cuenta a sí misma para darle sentido al pasado. Me dijo Kahneman:

> La mirada retrospectiva, la capacidad de explicar el pasado, nos conduce al espejismo de que el mundo es comprensible. Nos transmite la ilusión de que el mundo tiene sentido, aunque no lo tenga. Eso contribuye en gran manera a generar errores en muchos ámbitos.

La mayoría de las personas, al encontrarse ante algo que no comprenden, no se dan cuenta de que no lo entienden porque son capaces de elaborar una explicación que tiene sentido basándose en su perspectiva y sus experiencias únicas en el mundo, por muy limitadas que sean esas experiencias. Todos queremos que el mundo complicado en el que vivimos tenga sentido. Así que nos contamos historias para llenar las lagunas que en verdad son puntos ciegos.

Lo que esas historias ocasionan en nosotros en términos financieros es fascinante a la par que aterrador.

Cuando estoy ciego ante partes del funcionamiento del mundo, puedo malinterpretar por completo por qué el mercado bursátil se está comportando de la forma en que lo está haciendo, de una manera que me da demasiada confianza en mi capacidad de saber hacia dónde podría evolucionar. La razón, en parte, por la que es tan difícil hacer pronósticos sobre el mercado bursátil y la economía es porque eres la única persona en el mundo que se piensa que el mundo funciona de la forma en que tú piensas que funciona. Cuando tomas decisiones por razones que yo ni siquiera puedo comprender, yo podría seguirte ciegamente y terminaría tomando decisiones que serían buenas para ti, pero desastrosas para mí. Y, como vimos en el capítulo 16, así es como se forman las burbujas.

Entender lo mucho que no sabes significa entender la gran cantidad de cosas que ocurren en el mundo que están fuera de tu control. Y esto puede ser difícil de aceptar.

Piensa en los pronósticos sobre el mercado. Se nos dan muy pero que muy mal. Yo una vez calculé que, si uno parte de la base de que el mercado va a subir cada año por el valor de su media histórica, la precisión es mayor que si sigues las previsiones anuales medias de los veinte mejores expertos en estrategias de mercado de los grandes bancos de Wall Street. Nuestra capacidad de predecir recesiones no es mucho mejor. Y, puesto que los grandes sucesos salen de la nada, los pronósticos pueden ser más perjudiciales que beneficiosos, lo cual nos da la ilusión de predictibilidad en un mundo donde los sucesos imprevistos determinan la mayoría de los resultados. Escribe Carl Richards: «El riesgo es lo que queda cuando crees que ya has pensado en todo».

La gente lo sabe. No he conocido a ningún inversor que piense de verdad que los pronósticos de mercado en su conjunto son precisos o útiles. Pero sigue habiendo una demanda enorme de pronósticos, tanto en los medios de comunicación como por parte de los asesores financieros.

¿Por qué?

Una vez el psicólogo Philip Tetlock escribió: «Necesitamos creer que vivimos en un mundo predecible y controlable, así que acudimos a personas que nos parecen autorizadas que prometen satisfacer esta necesidad».

«Satisfacer esta necesidad» es una buena forma de expresarlo. Querer creer que tenemos el control es más un prurito emocional que necesitamos aliviar que un problema analítico que hay que calcular y resolver. La ilusión de tener el control es más persuasiva que la realidad de la incertidumbre. Así que nos aferramos a las historias que nos dicen que los resultados están bajo nuestro control.

Eso tiene que ver, en cierta medida, con la confusión entre los ámbitos de precisión y los ámbitos de incertidumbre.

La nave New Horizons de la NASA llegó a Plutón hace dos años. Fue un viaje de casi 5.000 millones de kilómetros que duró nueve años y medio. Según la NASA, el trayecto «tardó aproximadamente un minuto menos de lo que se había proyectado cuando se lanzó la sonda en enero de 2006».[68]

Piénsalo un momento. En un viaje sin pruebas previas y que duró una década, la predicción de la NASA tuvo una precisión de un 99,99998 %. Esto es como hacer un pronóstico de un trayecto entre Nueva York y Boston y tener una precisión de hasta cuatro millonésimas de segundo.

Sin embargo, la astrofísica es un ámbito de precisión. No está afectado por las veleidades del comportamiento humano ni las emociones, como sí es el caso de las finanzas. Los negocios, la economía y las inversiones son ámbitos de incertidumbre, determinados abrumadoramente por decisiones que no pueden explicarse fácilmente con fórmulas, como sí es el caso de un viaje hasta Plutón. Pero queremos desesperadamente que sean como un viaje a Plutón, porque la idea de que un ingeniero de la NASA tenga un 99,99998 % de control sobre un resultado es algo hermoso y reconfortante. Tan reconfortante es que estamos tentados de contarnos historias sobre el gran control que tenemos en otras partes de nuestra vida, como el dinero.

Una vez Kahneman expuso el recorrido que siguen esos relatos:

- Cuando planificamos, nos centramos en lo que queremos hacer y en lo que podemos hacer, con lo cual tenemos en cuenta los planes y las aptitudes de otras personas cuyas decisiones podrían afectar a nuestros resultados.
- Tanto al explicar el pasado como al predecir el futuro, nos centramos en el papel causal de la habilidad y obviamos el papel de la suerte.
- Nos centramos en lo que sabemos y obviamos lo que no sabemos, lo que nos lleva a tener un exceso de confianza en nuestras creencias.

Kahneman describió también cómo eso influye en los negocios:

En varias ocasiones he podido preguntar a creadores y miembros de empresas emergentes innovadoras lo siguiente: ¿hasta qué punto el resultado de vuestro esfuerzo dependerá de lo que hacéis en vuestra empresa? Esta es, evidentemente, una pregunta fácil; la respuesta es rápida y nunca ha sido de menos de un 80 %. Incluso cuando no están seguros de si su empresa va a tener éxito, esas personas valientes creen que su destino está casi por completo en sus manos. Y, sin duda, están equivocadas: el resultado de una *start-up* depende tanto de su esfuerzo como de los logros de sus competidores y de los cambios del mercado. No obstante, por naturaleza los emprendedores se centran en lo que conocen mejor: sus planes y acciones y las amenazas y oportunidades más inmediatos, como la disponibilidad de financiación. Saben menos cosas sobre sus competidores y, por tanto, ven natural imaginar un futuro en el que la competencia tenga poca importancia.

Todos hacemos eso mismo hasta cierto punto.

Y, al igual que a mi hija, no nos molesta en absoluto.

No deambulamos ciegos y confundidos. Tenemos que pensar que el mundo en el que operamos tiene sentido basándonos en lo que casualmente sabemos. Sería demasiado duro levantarse por la mañana si nos sintiéramos de otro modo.

Pero ¿qué pasó con el alienígena que estaba sobrevolando la Tierra?

¿Ese que está seguro de que sabe lo que está ocurriendo basándose en lo que ve, pero que resulta que está completamente equivocado porque no puede conocer los relatos que se le pasan por la cabeza al resto del mundo?

Pues él somos todos nosotros.

19.
Recapitulemos

Lo que hemos aprendido sobre la psicología de nuestro propio dinero.

ENHORABUENA, AÚN NO has dejado el libro.
Ha llegado el momento de retomar algunas cosas que hemos aprendido. Este capítulo es una especie de resumen: unas cuantas lecciones breves y prácticas que pueden ayudarte a tomar mejores decisiones financieras.

Pero antes déjame que te cuente una historia sobre una visita al dentista que terminó terriblemente mal. Esta anécdota nos enseña algo vital sobre los peligros de dar consejos sobre qué hacer con el dinero.

En 1931 Clarence Hughes fue al dentista. Sentía un dolor que irradiaba desde la boca. Su dentista le administró una vulgar anestesia para aliviarle el dolor. Cuando horas después Clarence se despertó, tenía 16 dientes menos y le habían extirpado las amígdalas.

Y, a partir de ahí, todo salió mal. Clarence murió al cabo de una semana por complicaciones derivadas de la cirugía.

Su esposa demandó al dentista, pero no porque la cirugía saliera mal. En 1931 todas las intervenciones quirúrgicas comportaban riesgo de muerte.

Clarence, aseguraba la mujer, nunca dio su consentimiento a los procedimientos, y no lo habría dado si se lo hubieran preguntado.

El caso dio tumbos por varios juzgados, pero no llegó a ninguna parte. El consentimiento entre médico y paciente no era algo meridianamente claro en 1931. Un tribunal resumió la idea de que los médicos deben tener libertad para tomar las mejores decisiones sanitarias: «Sin ello, no podríamos beneficiarnos del progreso de la ciencia».

Durante buena parte de la historia, el espíritu de la medicina fue que la misión del médico era curar al paciente, y lo que opinara el paciente sobre los planes de tratamiento del médico no era relevante. El doctor Jay Katz escribió sobre esa filosofía en su libro *The Silent World Between Doctor and Patient* [El silencioso mundo entre médico y paciente]:

> Los médicos creían que, con tal de alcanzar ese objetivo, estaban obligados a atender las necesidades físicas y emocionales de sus pacientes y a hacerlo bajo su propia autoridad, sin consultar a sus pacientes acerca de las decisiones que hubiera que tomar. La idea de que los pacientes también pueden tener derecho a compartir con sus médicos el peso de las decisiones nunca formó parte del espíritu de la medicina.

Eso no era consecuencia del ego o de la maldad. Era una convicción sustentada en dos puntos:

1. Todos los pacientes quieren ser curados.
2. Hay una forma universal y correcta de curarlos.

El que no sea necesario el consentimiento del paciente en los planes de tratamiento tiene sentido si crees en estos dos puntos.

Pero no es así como funciona la medicina.

En los últimos cincuenta años, las facultades de Medicina han evolucionado poco a poco de tratar enfermedades a tratar pacientes. Eso ha entrañado exponer las opciones de los planes de tratamiento y luego dejar que el paciente decida cuál es la mejor manera de seguir adelante.

Esta tendencia ha estado motivada, por un lado, por leyes de protección de los pacientes y, por el otro, por el influyente libro de Katz, que sostenía que los pacientes tienen una visión radicalmente distinta de lo que merece la pena en medicina, así que había que tener en cuenta sus opiniones. Escribió Katz:

> Es un peligroso disparate afirmar que en la práctica de su arte y ciencia los médicos pueden fiarse de sus benevolentes intenciones, de su capacidad de juzgar qué es lo correcto [...]. No es tan sencillo. La medicina es una profesión compleja, y las interacciones entre médicos y pacientes también lo son.

La última frase es importante: «La medicina es una profesión compleja, y las interacciones entre médicos y pacientes también lo son».

¿Sabes de qué otra profesión puede decirse lo mismo? De los asesores financieros.

Yo no puedo decirte qué tienes que hacer con tu dinero porque no lo sé.

No sé qué es lo que quieres. No sé cuándo lo quieres. No sé por qué lo quieres.

Así pues, no voy a ser yo quien te diga qué debes hacer con tu dinero. Yo no quiero tratarte como aquel dentista trató a Clarence Hughes.

No obstante, ni los médicos ni los dentistas son inútiles, esto es obvio. Tienen conocimientos. Conocen las probabilidades. Saben qué cosas tienden a funcionar, aunque los pacientes lleguen a conclusiones distintas sobre qué clase de tratamiento es adecuado para ellos mismos.

Pues ocurre lo mismo con los asesores financieros. Hay verdades universales en asuntos monetarios, aunque la gente llegue a conclusiones distintas sobre cómo quieren aplicar esas verdades a sus propias finanzas.

Una vez hecha esta advertencia previa, echemos un vistazo a algunas breves recomendaciones que pueden ayudarte a tomar mejores decisiones con respecto a tu dinero.

———

Esfuérzate todo lo que puedas para ser humilde cuando las cosas vayan bien y clemente/compasivo cuando vayan mal. Porque las cosas nunca son ni tan buenas ni tan malas como parecen. El mundo es grande y complejo. Tanto la suerte como el riesgo son reales y difíciles de identificar. Recuerda esto cuando te juzgues a ti y también a los demás. Respeta el poder de la suerte y del riesgo y tendrás mejores opciones de centrarte en las cosas que realmente puedes controlar. También tendrás una mayor probabilidad de encontrar los modelos adecuados.

Menos ego, más riqueza. Ahorrar dinero es la diferencia entre tu ego y tus ingresos, y la riqueza es lo que no ves. Así que la riqueza se crea descartando lo que podrías comprar hoy para tener más cosas o más opciones en el futuro. Da igual cuánto ganes, nunca vas a acumular riqueza a menos que sepas poner coto a lo mucho que te diviertes con el dinero que tienes ahora mismo.

Gestiona tu dinero de una forma que te ayude a dormir bien por la noche. Esto no es lo mismo que decir que deberías obtener la mayor rentabilidad posible o ahorrar un porcentaje concreto de tus ingresos. Habrá quienes no duerman bien salvo que obtengan la rentabilidad más alta, mientras que otras personas solo lograrán descansar si tienen unas inversiones conservadoras. Sobre gustos no hay nada escrito. Pero partir de la base de «¿Me ayuda esto a dormir por la noche?» es la mejor directriz universal para todas las decisiones financieras.

Si quieres mejorar como inversor, lo más poderoso que puedes hacer es alargar tu horizonte temporal. El tiempo es la fuerza más poderosa en las inversiones. Hace que las cosas pequeñas crezcan y que los grandes fallos se desvanezcan. El tiempo no puede neutralizar la suerte y el riesgo, pero sí acercar los resultados hacia lo que la gente merece.

Acostúmbrate a que un montón de cosas salgan mal. Puedes estar equivocado la mitad de las veces y ganar igualmente una fortuna, porque una pequeña cantidad de cosas son la causa de la mayoría de los resultados. Independientemente de lo que hagas con tu dinero, deberías sentirte siempre cómodo al ver que muchas cosas no van bien. Así es como funciona el mundo. Por tanto, siempre deberías evaluar tus resultados fijándote en toda tu cartera, no en inversiones individuales. No pasa nada por tener una gran parte de malas inversiones y solo algunas sobresalientes. Este es, habitualmente, el mejor escenario posible. Juzgar cómo lo has hecho centrándote en inversiones individuales hace que los ganadores parezcan más brillantes de lo que son y que los perdedores parezcan más lamentables de lo que deberían.

Emplea tu dinero para obtener un mayor control sobre tu tiempo, porque no controlar tu tiempo es un lastre pesado y universal para la felicidad. La capacidad de hacer lo que quieras, cuando quieras, con quien tú quieras, durante todo el tiempo que quieras, es el mayor dividendo que existe en las finanzas.

Sé más amable y menos ostentoso. Nadie está tan impresionado con tus posesiones como lo estás tú. Tal vez pienses que

LA PSICOLOGÍA DEL DINERO

quieres un coche lujoso o un reloj bonito. Pero es probable que lo que quieres es conseguir respeto y admiración. Y es más probable que consigas esas cosas siendo amable y humilde que con caballos de potencia y los cromados de tu coche.

Ahorra. Así de claro. No tienes por qué ahorrar por un motivo en concreto. Es genial ahorrar para comprarse un coche, para un anticipo o para una emergencia médica. Pero ahorrar para cosas que son imposibles de predecir o definir es una de las mejores razones para ahorrar. La vida de cualquier persona es una cadena continua de sorpresas. Los ahorros que no están destinados a algo en particular son una cobertura contra la inevitable capacidad que tiene la vida de sorprendernos lo que no está escrito en el peor momento posible.

Define el coste del éxito y convéncete de que hay que pagarlo. Porque nada de lo que merece la pena es gratis. Y recuerda que la mayor parte de los costes financieros no tienen una etiqueta visible que indique su precio. La incertidumbre, las dudas y los remordimientos son costes habituales en el mundo financiero. A menudo vale la pena pagarlos. Pero tienes que verlos como una tarifa (un precio que merece la pena pagar para conseguir algo bonito a cambio) en lugar de como una multa (una penalización que habría que evitar).

Venera el margen de error. Un diferencial entre lo que podría pasar en el futuro y lo que necesitas que ocurra en el futuro para obtener unos buenos resultados es lo que te confiere capacidad de resistencia, y la capacidad de resistencia es lo que hace que el interés compuesto obre maravillas. El margen de error a menudo parece una cobertura conservadora, pero, si te permite seguir en la partida, puede salir rentable con creces.

Evita los extremos al tomar decisiones financieras. Las metas y los deseos de cualquier persona cambian con el tiempo; y cuanto más extremas hayan sido tus decisiones del pasado, más te vas a lamentar a medida que vayas evolucionando.

Debería gustarte el riesgo porque con el tiempo sale a cuenta. Pero deberías ser paranoico con respecto al riesgo de arruinarte, porque arruinarte te va a impedir asumir riesgos en el futuro que con el tiempo serán rentables.

Define el juego al que estás jugando, y asegúrate de que tus acciones no estén influenciadas por personas que juegan a un juego distinto del tuyo.

Respeta el caos de enfoques. Personas inteligentes, informadas y razonables pueden discrepar en asuntos financieros, porque la gente tiene metas y deseos extremadamente diferentes. No hay una única respuesta correcta; solo la respuesta que te funcione a ti.

Y ahora déjame que te cuente lo que me funciona a mí.

20.
Confesiones

La psicología de mi propio dinero.

CUENTAN QUE SANDY Gottesman, el inversor multimillonario que fundó la consultoría First Manhattan, hace esta pregunta cuando entrevista a los candidatos para su equipo de inversión: «¿De qué cosas eres propietario y por qué?».

No les pregunta «¿Qué acciones crees que están baratas?» o «¿Qué economía está a punto de entrar en recesión?».

Solo dime qué haces con tu propio dinero.

Me encanta esa pregunta porque pone de relieve lo que a menudo puede ser una brecha enorme entre lo que tiene sentido, que es lo que la gente te recomienda que hagas, y lo que las personas creen adecuado, que es lo que efectivamente hacen.

———

La mitad de los gestores de carteras de fondos mutualistas estadounidenses no invierten ni un solo centavo de su dinero en sus fondos, según datos de Morningstar.[69] Esto puede parecer algo deleznable, y desde luego estas estadísticas ponen al descubierto cierta hipocresía.

Sin embargo, este tipo de cosas son más habituales de lo que crees. Ken Murray, profesor de Medicina en la Universidad de California Meridional, escribió un ensayo en 2011 titulado «Cómo mueren los médicos», en el que mostraba hasta qué punto los médicos escogen para sí mismos tratamientos para la etapa final de la vida distintos de los que recomiendan a sus pacientes.[70]

> [A los médicos] no les gusta morir como al resto de nosotros. Lo que es inusual en su caso no es la gran cantidad de tratamientos que reciben en comparación con la mayoría de los estadounidenses, sino los pocos a que se someten. Pese a todo el tiempo que pasan ahuyentando la muerte de otras personas, tienden a estar bastante serenos cuando afrontan la suya. Saben exactamente lo que va a ocurrir, conocen las opciones y por lo general tienen acceso a cualquier tipo de atención médica que pudieran querer. Pero se van tranquilamente.

Una doctora puede poner toda la carne en el asador para curar el cáncer de su paciente, pero optará por recibir cuidados paliativos en caso de padecer cáncer ella.

Que haya una brecha entre lo que alguien te recomienda hacer y lo que ese alguien elige para él no siempre es algo malo. Simplemente recalca que, al abordar asuntos complicados y emotivos que te afectan a ti y a tu familia, no hay una sola respuesta correcta. No existe una verdad universal. Solamente hay lo que os funcione a ti y a tu familia, lo que satisfaga los requisitos necesarios para que tú te sientas cómodo y puedas dormir bien por la noche.

Estos son los principios básicos que hay que seguir —valen tanto para las finanzas como para la medicina—, pero las decisiones financieras importantes no se toman repasando hojas de cálculo o leyendo manuales. Se toman sentados a la mesa cenando. A menudo no se toman con la intención de maximizar la rentabilidad, sino con la de minimizar la probabilidad de decepcionar a tu pareja o a tus hijos. Este tipo de cosas cuesta resumirlas en gráficos o fórmulas, y varían enormemente de una persona a otra. Lo que sirve para una puede no servir para otra.

Tú tienes que encontrar lo que te vaya bien a ti. Aun así, ahora te voy a contar lo que me funciona a mí.

¿Cuál es la mentalidad de mi familia con respecto a los ahorros?

Charlie Munger dijo una vez: «No tenía la intención de hacerme rico. Solo quería ser independiente».

De lo de hacerse rico podemos olvidarnos, pero la independencia siempre ha sido mi objetivo financiero personal. Para mí, conseguir la rentabilidad más alta o apalancar mis activos para llevar la vida más lujosa posible tiene poco interés. Ambas cosas parecen juegos que la gente hace para impresionar a sus amigos, y ambas esconden riesgos. Yo lo que quiero, sobre todo, es levantarme todas las mañanas sabiendo que mi familia y yo podemos hacer lo que queramos eligiendo nosotros las condiciones. Toda decisión financiera que tomamos gira en torno a este objetivo.

Mis padres vivieron su vida adulta en dos fases: una siendo extremadamente pobres y otra moderadamente ricos. Mi padre llegó a ser médico a los cuarenta años, cuando ya tenía tres hijos. Ganar un salario de médico no barrió la mentalidad austera a la que te ves forzado cuando tienes que sustentar a tres hijos hambrientos al tiempo que estudias Medicina, y mis padres pasaron los años buenos viviendo muy por debajo de sus posibilidades y con un índice de ahorro elevado. Eso les dio cierto grado de independencia. Mi padre era médico de urgencias, una de las profesiones más estresantes que hay y que requiere una dolorosa alternancia de ritmos circadianos entre los turnos de día y de noche. Tras veinte años trabajando de eso, decidió que ya tenía bastante y lo dejó. Sencillamente dejó su trabajo. Y pasó a la siguiente fase de su vida.

Aquello se me quedó grabado. Ser capaz de levantarte una mañana y cambiar lo que estás haciendo, como tú decides, cuando estás preparado, me parece la meta financiera por antonomasia. Para mí, independencia no significa dejar de trabajar. Significa que solamente llevarás a cabo el trabajo que te guste, con la gente que quieras, en los momentos que desees y durante el tiempo que te apetezca.

Y alcanzar cierto nivel de independencia no depende de que ganes el sueldo de un médico. Es cuestión, sobre todo, de tener controladas tus expectativas y vivir por debajo de tus posibilidades. La independencia, en cualquier nivel de ingresos, es fruto de tu índice de ahorro. Y, pasado cierto umbral de ingresos, tu índice de ahorro está determinado por tu capacidad de impedir que tus expectativas en cuanto al estilo de vida se te vayan de las manos.

Mi esposa y yo nos conocimos en la universidad y nos fuimos a vivir juntos años antes de casarnos. Terminados los estudios universitarios, ambos conseguimos puestos de trabajo de nivel inicial con un salario acorde a la jerarquía de la empresa, y nos acostumbramos a llevar un estilo de vida moderado. Todos los estilos de vida están dentro de un espectro, y lo que es decente para una persona puede parecerle a otra una vida a cuerpo de rey o una vida de pobreza. No obstante, con nuestros ingresos conseguimos lo que, a nuestro juicio, son un piso decente, un coche decente, ropa decente y comida decente. Confortable, pero ni de lejos lujoso.

A pesar de más de una década de incrementos salariales —yo en la rama de las finanzas y mi mujer en la sanidad—, más o menos hemos mantenido ese estilo de vida desde entonces. Esto es lo que ha hecho subir continuamente nuestro índice de ingresos. Casi todos los dólares de más se han ido sumando a los ahorros: nuestro «fondo de independencia». Ahora vivimos considerablemente por debajo de nuestras posibilidades, lo que dice poco sobre nuestros ingresos y mucho sobre nuestra decisión de mantener un estilo de vida que establecimos en la veintena.

Si hay una parte de nuestro plan financiero familiar del que esté orgulloso es que logramos que el límite de nuestros deseos en cuanto al estilo de vida dejara de ampliarse cuando éramos jóvenes. Nuestro índice de ahorro es bastante alto, pero no tenemos casi nunca la sensación de que nos abstengamos de nada para ser austeros, porque nuestras aspiraciones de conseguir más no se han movido gran cosa. No es que no tengamos aspiraciones: nos gustan las cosas bonitas y vivir con todas las comodidades. Solo que logramos que el límite dejara de ampliarse.

Esto no le serviría a todo el mundo, y a nosotros solo nos sirve porque los dos estamos de acuerdo por igual en actuar así: ninguno de los dos se abstiene de nada por el otro. La mayor parte de las cosas que nos producen placer —salir a dar un paseo, leer o escuchar pódcast— cuestan poco dinero, así que casi nunca tenemos la sensación de que nos estemos perdiendo nada. En las raras ocasiones en las que me cuestiono nuestro índice de ahorro, pienso en la independencia que mis padres obtuvieron gracias a años y años ahorrando mucho, y enseguida vuelvo a mi convencimiento. La independencia es nuestro principal objetivo.

Un beneficio secundario de mantener un estilo de vida por debajo de lo que podríamos permitirnos es evitar la continua comezón psicológica de querer estar a la altura de tus vecinos. Vivir cómodamente por debajo de lo que te puedes permitir, sin desear mucho tener más, elimina una cantidad ingente de la presión social a la que mucha gente del primer mundo se ve sometida.

Nassim Taleb explicó una vez: «El éxito de verdad es abandonar la competición feroz que nos lleva a alterar nuestras actividades para tener tranquilidad». Me gusta esa idea.

Tan comprometidos estamos con lograr esa independencia que hemos hecho cosas que no tienen mucho sentido sobre el papel. Tenemos nuestra casa en propiedad sin haber contratado una hipoteca, lo cual es la peor decisión financiera que hemos tomado nunca, pero la mejor decisión monetaria de nuestra vida. Los tipos de interés hipotecarios eran ridículos cuando compramos la vivienda. Cualquier asesor racional te recomendaría que aprovecharas el dinero barato e invirtieras los ahorros extras en activos con mayor rentabilidad, por ejemplo, en acciones. Pero nuestro objetivo no es ser fríamente racionales, sino solo psicológicamente razonables.

La sensación de independencia que tienes al ser propietario de tu propia casa supera de lejos los consabidos beneficios financieros que habríamos obtenido apalancando nuestros activos con una hipoteca barata. No tener que pagar una cantidad todos los meses me hace sentir mejor que maximizar el valor a largo plazo de los activos. Me hace sentir independiente.

Contando esto no intento defender esa decisión ante quienes señalan sus defectos o ante quienes nunca harían lo mismo. Sobre el papel, es indefendible. Pero a nosotros nos vale. Nos gusta. Y eso es lo que importa. Las buenas decisiones no siempre son racionales. En algún momento tienes que escoger entre estar feliz o estar «acertado».

También tenemos un porcentaje de nuestros activos en liquidez mayor de lo que recomendarían la mayoría de los asesores financieros: en torno a un 20 % de nuestros activos, aparte del valor de nuestra casa. Esto también es prácticamente indefendible sobre el papel, y yo no se lo recomiendo a los demás. Es solamente lo que a nosotros nos funciona.

Lo hacemos porque la liquidez es el oxígeno de la independencia y, más importante aún, nunca queremos vernos obligados a vender las acciones que poseemos. Queremos que la probabilidad de hacer frente a un gasto elevado y necesitar convertir acciones en liquidez para pagarlo sea lo más cercana a cero posible. Tal vez tengamos simplemente menos tolerancia al riesgo que otras personas.

Sin embargo, todo lo que he aprendido sobre finanzas personales me lleva a pensar que todo el mundo, sin excepción, terminará haciendo frente a un gasto que no esperaba, y no habrá planificado ese gasto en concreto porque no lo esperaba. Las pocas personas que conocen los detalles de nuestras finanzas nos preguntan: «¿Para qué estáis ahorrando? ¿Para una casa? ¿Para un barco? ¿Para un coche nuevo?». Pues no, para ninguna de esas cosas. Estoy ahorrando pensando en un mundo en el que los imprevistos son más habituales de lo que esperamos. No verse obligado a vender acciones para cubrir un gasto también significa que estamos incrementando la probabilidad de dejar que las acciones que poseemos se beneficien del interés compuesto durante el mayor tiempo posible. Charlie Munger lo expresó con mucho acierto: «La primera regla del interés compuesto es no interrumpirlo nunca innecesariamente».

¿Cuál es la mentalidad de mi familia con respecto a las inversiones?

Yo empecé mi carrera profesional seleccionando acciones. En ese momento solo teníamos acciones individuales, mayoritariamente de grandes compañías como Berkshire Hathaway y Procter & Gamble, mezcladas con títulos más pequeños que yo consideraba que eran inversiones de gran valor. Si volvemos a cuando tenía veintipocos, en cualquier momento dado tenía en mi haber unas veinticinco acciones individuales.

No sé qué resultados obtuve como selector de acciones. ¿Estuvieron por encima de la rentabilidad del mercado? Pues no estoy seguro. Como la mayoría de quienes lo intentan, no llevaba un buen registro. Fuera como fuese, desde entonces mi perspectiva ha cambiado y ahora todos los títulos de los que soy propietario forman parte de un fondo indexado de bajo coste.

No tengo nada en contra de seleccionar acciones activamente, ni por cuenta propia ni dejando tu dinero en manos de un gestor de fondos activo. Creo que algunas personas alcanzan mejores resultados que la media del mercado; pero es muy difícil, y más difícil de lo que cree la mayoría de la gente.

Si tuviera que resumir lo que pienso sobre las inversiones, diría lo siguiente: cada inversor debería elegir una estrategia que tuviera la mayor probabilidad de alcanzar sus objetivos con éxito. Y creo que para la mayoría de los inversores seguir una estrategia de promedio de costes e invertir en un fondo indexado de bajo coste ofrece la mayor probabilidad de tener éxito a largo plazo.

Eso no significa que invertir en índices vaya a funcionar siempre. No significa que esta sea la mejor opción para todo el mundo. Y tampoco significa que la selección activa de acciones esté condenada al fracaso. En general, en este sector la gente se ha atrincherado demasiado en un bando o en el otro, sobre todo aquellos que están vehementemente en contra de la inversión activa.

Superar la media del mercado debería ser difícil, y la probabilidad de tener éxito debería ser baja. Si no lo fuera, todo el mundo lo haría, y, si lo hiciera todo el mundo, no habría oportunidad. Así que no debería sorprender a nadie que la mayoría de quienes intentan superar los resultados medios del mercado fracasen. (Las estadísticas demuestran que un 85 % de los gestores activos de fondos de gran capitalización no superaron el S&P 500 en la década que terminó en 2019.)[71]

Conozco a personas que piensan que es una locura intentar superar el mercado, pero que al mismo tiempo animan a sus hijos a apuntar alto y a intentar llegar a ser deportistas profesionales. Sobre gustos no hay nada escrito. En la vida hay que arriesgar, y todos vemos el riesgo de una forma un poco distinta.

A lo largo de los años he llegado a la conclusión de que tendremos una alta probabilidad de alcanzar todos nuestros objetivos financieros familiares si invertimos dinero regularmente en un fondo indexado de bajo coste durante décadas y dejamos que el dinero vaya acumulándose por efecto del interés compuesto. Buena parte de esta concepción proviene de nuestro estilo de vida, fundamentado en un gasto austero. Si puedes conseguir todos tus objetivos sin tener que asumir el riesgo añadido derivado de intentar superar el mercado, entonces, ¿qué sentido tiene siquiera intentarlo? Me puedo permitir no ser el mejor inversor del mundo, pero no puedo permitirme ser un mal inversor. Desde este punto de vista, para nosotros la decisión de adquirir un fondo indexado y no deshacernos de él es más que evidente. Sé que no todo el mundo va a estar de acuerdo con esta lógica, especialmente mis amigos cuyo trabajo es superar la media del mercado. Y respeto lo que ellos hacen. Pero esto es lo que nos funciona a nosotros.

Invertimos dinero de cada nómina en esos fondos indexados, una combinación de acciones estadounidenses e internacionales. No hay un objetivo marcado; es sencillamente lo que nos queda tras haber realizado nuestros gastos. En los mismos fondos maximizamos nuestras cuentas para la jubilación y hacemos contribuciones a los planes de ahorro 529, pensados para la universidad de nuestros hijos.

Y eso es todo. En la práctica, todo nuestro patrimonio es una casa, una cuenta corriente y algunos fondos indexados de Vanguard.

Nosotros no creemos que deba ser mucho más complicado que eso. A mí me gustan las cosas sencillas. Una de mis más profundas convicciones al invertir es que hay poca correlación entre el esfuerzo de inversión y sus resultados. El motivo es que el mundo está marcado por los sucesos extremos: unas pocas variables son responsables de la mayor parte de los beneficios. Da igual cuánto te esfuerces al invertir; no obtendrás buenos resultados si desatiendes las dos o tres cosas que son determinantes para tu estrategia. Y también se cumple lo contrario. Las estrategias de inversión sencillas pueden funcionar siempre que tengan en cuenta las pocas cosas que son importantes para el éxito de dicha estrategia. Mi estrategia inversora no se basa en seleccionar el sector adecuado o en avistar la próxima recesión. Se basa en un índice de ahorro alto, en tener paciencia y en ser optimista en que la economía mundial va a crear valor durante las próximas décadas. Dedico prácticamente todo mi esfuerzo de inversión a reflexionar sobre estas tres cosas; sobre todo las dos primeras, que son las que puedo controlar.

En varias ocasiones, he cambiado de estrategia de inversión. Por tanto, cabe la posibilidad, desde luego, de que vuelva a modificarla en el futuro.

Sin embargo, independientemente de cómo ahorre o invierta, estoy seguro de que mi objetivo siempre será tener autonomía financiera y de que en todo momento voy a hacer aquello que maximice la posibilidad de dormir bien por la noche.

Nosotros creemos que este es el objetivo primordial: el dominio de la psicología del dinero.

Pero sobre gustos no hay nada escrito. Nadie está loco.

POSDATA.
Breve historia de por qué el consumidor estadounidense piensa de la forma en que piensa

PARA ENTENDER LA psicología del consumidor contemporáneo y comprender en qué dirección puede estar evolucionando, hay que saber cómo llegó donde está ahora.

Cómo llegamos todos donde estamos.

Si alguien se quedó dormido en 1945 y despertó en 2020, no reconocería el mundo a su alrededor.

El volumen de crecimiento económico que tuvo lugar durante ese periodo prácticamente no tiene precedentes. Si esa persona viera el nivel de riqueza en Nueva York y San Francisco, quedaría perpleja. Si lo comparase con la pobreza de Detroit, quedaría perpleja. Si viera el precio de la vivienda, de las matrículas universitarias y de la atención médica, quedaría perpleja. Si viera qué mentalidad tiene el estadounidense medio con respecto al ahorro y al gasto en general, quedaría perpleja. Y si intentara dar con un relato razonable de cómo ocurrió todo eso, intuyo que se equivocaría por completo. Porque no ha sido algo intuitivo ni era algo previsible.

Lo que pasó en Estados Unidos desde el final de la Segunda Guerra Mundial es la historia del consumidor estadounidense.

Es una historia que ayuda a entender por qué la gente tiene la mentalidad que tiene hoy en día acerca del dinero.

La versión breve es esta: la situación era muy incierta, luego estuvo muy bien, luego bastante mal, luego realmente bien, luego realmente mal y, ahora, pues aquí estamos. Y hay, creo yo, un relato que conecta todos esos sucesos. No una narración detallada, pero sí un hilo argumental de cómo las cosas encajan unas con otras.

Puesto que esto es un intento de conectar los grandes acontecimientos, omitiré muchos detalles de lo que sucedió durante ese periodo. Es probable que esté de acuerdo con cualquiera que diga que me he dejado cosas por el camino. El objetivo de mi relato no es describir todas las jugadas, sino fijarme en cómo un partido influyó en el siguiente.

He aquí cómo el consumidor contemporáneo llegó donde está hoy en día.

———————

1. Agosto de 1945. Termina la Segunda Guerra Mundial.

La rendición de Japón fue «El día más feliz de la historia de Estados Unidos», según publicó el *New York Times*.

Pero hay un dicho que reza: «La historia no es más que una puñetera cosa detrás de otra».

Al regocijo por el fin de la guerra pronto le siguió la pregunta de «¿Y ahora qué?».

Unos 16 millones de estadounidenses —un 11 % de la población— habían combatido en la guerra. Unos 8 millones estaban en el extranjero al final del conflicto. Su edad media era de veintitrés años. En un plazo de dieciocho meses, casi 1,5 millones estarían en casa y sin uniforme.

¿Y entonces qué?

¿Qué iban a hacer a continuación?

¿Dónde iban a trabajar?

¿Dónde iban a vivir?

Esas eran las preguntas más relevantes del momento por dos motivos. Primero: nadie sabía las respuestas. Y segundo: si no se encontraba una respuesta deprisa, el escenario más probable, según muchos economistas, era que la economía volvería a descender hasta las profundidades de la Gran Depresión.

Durante la guerra se habían desarrollado tres fuerzas:

1. Se detuvo la construcción de viviendas y prácticamente toda la capacidad de producción se dedicó a la fabricación de material bélico. En 1943 se construían menos de 12.000 viviendas al mes, lo que equivale a menos de una nueva casa por cada ciudad estadounidense. Los soldados que regresaron sufrieron una grave escasez de vivienda.

2. Los trabajos específicos creados durante la guerra —la construcción de barcos, tanques y aviones— de repente dejaron de ser necesarios una vez terminado el conflicto; la velocidad y la magnitud con que se detuvo ese sector es algo muy infrecuente en los negocios privados. No estaba claro dónde podrían trabajar los soldados.

3. La tasa de matrimonios alcanzó un máximo durante la guerra e inmediatamente después. Los soldados no querían volver al sótano de la casa de su madre. Querían formar una familia, en su propia casa, con un buen trabajo, y desde ya.

Eso preocupaba a los políticos, sobre todo porque la Gran Depresión seguía siendo un recuerdo muy reciente, ya que había terminado solo cinco años antes.

En 1946 el Consejo de Asesores Económicos de la Casa Blanca entregó un informe al presidente Truman en el que alertaba de «una depresión a gran escala en algún momento dentro de un plazo de entre uno y cuatro años».

En un memorando separado de 1947, que resumía una reunión con Truman, escribían:

> Podríamos encontrarnos en una especie de periodo de recesión en el que deberíamos estar muy seguros de nuestra posición con respecto al potencial peligro de que las fuerzas recesionistas se nos vayan de las manos [...]. Existe la posibilidad clara y no negligible de que una mayor disminución pueda incrementar el peligro de que se desencadene una espiral descendiente que nos llevaría a unas condiciones de depresión.

Ese miedo se intensificó por el hecho de que no se podía confiar inmediatamente en las exportaciones para conseguir crecimiento, pues dos de las mayores economías —Europa y Japón— estaban arruinadas abordando crisis humanitarias. Y los propios Estados Unidos estaban soterrados en más deuda que nunca, lo que limitaba los estímulos directos por parte del Gobierno.

Por tanto, hicimos algo para resolver el problema.

2. Unos tipos de interés bajos y el nacimiento provocado del consumidor estadounidense.

Lo primero que hicimos para mantener la economía a flote después de la guerra fue mantener los tipos de interés a un nivel bajo. No fue esa una decisión fácil, porque cuando los soldados volvieron a casa padeciendo escasez de todo tipo de cosas, desde ropa hasta coches, aquello hizo aumentar la inflación temporalmente hasta cifras de dos dígitos.

La Reserva Federal no era políticamente independiente antes de 1951.[72] El presidente y la Reserva Federal podían coordinar sus políticas. En 1942 la Reserva Federal anunció que mantendría los tipos de interés a corto plazo a un 0,38 % para contribuir a financiar la guerra. Los tipos no se modificaron ni un solo punto básico en los siguientes siete años. Los valores del Tesoro a tres meses permanecieron por debajo del 2 % hasta mediados de los años cincuenta.

La justificación explícita del hecho de mantener bajos los tipos fue que había que mantener también a un nivel bajo el coste de financiar el equivalente a los seis billones de dólares que gastamos en la guerra.

Sin embargo, los tipos bajos también reportaron otro beneficio para los soldados que regresaban. Aquello hizo que los préstamos para comprar casas, coches, aparatos y juguetes fueran muy baratos.

Y eso, desde la perspectiva de un responsable político paranoico, era algo fantástico. El consumo se convirtió en una estrategia económica explícita en los años posteriores a la Segunda Guerra Mundial.

Una época en la que se promovía la austeridad y el ahorro para financiar la guerra se volvió en poco tiempo una época en la que se fomentaba activamente el consumo. El historiador de la Universidad de Princeton Sheldon Garon escribe:

> Después de 1945, Estados Unidos se alejó una vez más de los patrones de fomento del ahorro que había en Europa y Asia Oriental [...]. Políticos, empresarios y líderes sindicales alentaron a los estadounidenses a consumir para potenciar el crecimiento económico.

Dos elementos aceleraron esa iniciativa.

Uno fue la ley de ayuda a los veteranos (GI Bill), que ofrecía[73] unas oportunidades hipotecarias sin precedentes. Unos 16 millones de veteranos de guerra pudieron comprarse una casa, a menudo sin tener dinero para el pago inicial, sin intereses durante el primer año y con unos intereses fijos tan bajos que las mensualidades podían estar por debajo del precio de un alquiler.

El segundo fue una explosión del crédito al consumo, lo que fue posible gracias a la relajación de las regulaciones de la época de la Depresión. La primera tarjeta de crédito fue introducida en 1950. Vales por devolución, créditos a plazos, préstamos personales, créditos a corto plazo; todo se disparó. Y los intereses de todo el endeudamiento, incluido el de las tarjetas de crédito, eran desgravables en esa época.

Todo aquello era delicioso. Así que comimos un montón. Una historia sencilla en una tabla sencilla:

Año	Deuda total de los hogares en Estados Unidos
1945	29.400 millones de dólares
1955	125.700 millones de dólares
1965	331.200 millones de dólares

La deuda de los hogares en los años cincuenta aumentó 1,5 veces más deprisa de lo que lo hizo durante la borrachera de endeudamiento del 2000.

3. La demanda acumulada, alimentada por el *boom* del crédito y un *boom* escondido de productividad en los años treinta, condujo a un *boom* económico.

Los años treinta del siglo xx fueron la década más dura, en términos económicos, de la historia de Estados Unidos. Pero había un rayo de esperanza que tardó veinte años en percibirse: por necesidad, la Gran Depresión había provocado una sobrecarga de ingenio, productividad e innovación.

No prestamos mucha atención al *boom* de productividad en los años treinta porque todo el mundo estaba centrado en lo mal que estaba la economía. No le prestamos atención en los cuarenta porque todo el mundo estaba centrado en la guerra.

Pero entonces llegó la década de los cincuenta y nos percatamos de repente: «Vaya, tenemos varios inventos nuevos que son asombrosos. Y se nos da muy bien fabricarlos».

Electrodomésticos, coches, teléfonos, aires acondicionados, electricidad.

Era casi imposible comprar muchos productos para el hogar durante la guerra, porque las fábricas se transformaron para producir armas y barcos. Eso creó una demanda acumulada de objetos por parte de los soldados una vez que terminó la guerra. Casados, deseosos de retomar su vida y envalentonados por el nuevo y barato crédito al consumo, se dieron un atracón de compras como el país no había visto nunca.

En su libro *The Big Change* [El gran cambio], Frederick Lewis Allen escribe:

Durante aquellos años de posguerra, el agricultor se compró un tractor nuevo, una cosechadora y una máquina de ordeñar eléctrica; de hecho, él y sus vecinos juntaron al alimón una retahíla formidable de maquinaria agrícola para su uso compartido. La esposa del agricultor se hizo con la nevera eléctrica, blanca y resplandeciente, que siempre había ansiado y que nunca había podido permitirse durante la Gran Depresión, con una lavadora de última generación y con un congelador. Las familias de los barrios residenciales instalaron un lavavajillas e invirtieron en un cortacésped eléctrico. Las familias de ciudad pasaron a ser clientes de una lavandería y adquirieron un televisor para el salón. El despacho del marido disponía de aire acondicionado. Y así podríamos seguir infinitamente.

El cambio fue, sin lugar a dudas, descomunal.

Entre 1942 y 1945 la fabricación de coches y camiones comerciales prácticamente se detuvo del todo. Posteriormente, entre 1945 y 1949 se vendieron 21 millones de coches. Y para 1955 se habían vendido otros 37 millones.

Entre 1940 y 1945 solo se construyeron menos de dos millones de viviendas. Posteriormente, entre 1945 y 1950 se construyeron siete millones. Y para 1955 se habían construido otros ocho millones.

La demanda acumulada de productos, y nuestra capacidad recientemente descubierta de fabricar cosas, creó puestos de trabajo que hicieron posible que los soldados que regresaban de la guerra encontraran un empleo. Y, además, los empleos eran buenos. Al mezclar esto con el crédito al consumo, la capacidad de gasto de Estados Unidos se disparó.

La Reserva Federal escribió al presidente Truman en 1951: «Para 1950, el gasto total de los consumidores, junto con la construcción de viviendas, ascendió a unos 203.000 millones de dólares, o en torno a un 40 % por encima del nivel de 1944».[74]

La respuesta a la pregunta de «¿Qué van a hacer todos esos soldados después de la guerra?» ahora era obvia. Iban a comprar cosas con el dinero que ganarían gracias a unos empleos en los que fabricarían productos nuevos, ayudados por el dinero prestado a un precio barato para comprar todavía más cosas.

4. Los beneficios son compartidos de una forma más equitativa que nunca.

La característica definitoria de la economía de los años cincuenta es que el país se enriqueció haciendo que los pobres fueran menos pobres.

El salario medio se duplicó entre 1940 y 1948, y para 1963 había vuelto a doblarse.

Y esas ganancias beneficiaron sobre todo a aquellas personas que llevaban décadas quedando rezagadas. La brecha entre ricos y pobres se redujo en una cantidad extraordinaria.

Lewis Allen escribía en 1955:

> El enorme liderazgo de los ricos en la carrera económica se ha reducido considerablemente.
>
> Son los obreros industriales quienes, como grupo, han obtenido mejores resultados: gente como la familia de un obrero siderúrgico, que antes vivía con 2.500 dólares y ahora obtiene 4.500, o la familia de un operador de maquinaria altamente cualificado, que antes vivía con 3.000 dólares y ahora dispone de 5.500 dólares anuales o más para gastar.
>
> En cuanto al 1 % superior, los verdaderamente ricos y los ricos, a quienes podríamos clasificar a grandes rasgos como el grupo de los que cuentan con más de 16.000 dólares, su porcentaje sobre los ingresos nacionales totales, después de impuestos, había descendido en 1945 de un 13 % a un 7 %.

Esa no fue una tendencia a corto plazo. Entre 1950 y 1980, los ingresos reales del 20 % de los más pobres crecieron en una cantidad casi idéntica del 5 % de los más ricos.

Y la igualdad fue más allá de los salarios.

Las mujeres empezaron a trabajar fuera del hogar en unas cifras de récord. El porcentaje de mujeres en el mercado laboral aumentó de un 31 % después de la guerra a un 37 % en 1955, y hasta un 40 % en 1965.

Las minorías también mejoraron. Tras la investidura de 1945, Eleanor Roosevelt escribió sobre un periodista afroamericano que le dijo:

¿Se da cuenta de lo que han hecho los últimos doce años? Si en la recepción de 1933 varias personas de color hubieran acudido y se hubieran mezclado con el resto de la gente de la forma en que lo hicieron hoy, todos los periódicos del país habrían informado sobre el suceso. Pero ahora ni siquiera pensamos que es noticia y ninguno de nosotros lo va a mencionar.

Los derechos de las mujeres y de las minorías no se acercaban ni de lejos a lo que son hoy en día. Pero el progreso hacia la igualdad a finales de los cuarenta y en los cincuenta fue extraordinario.

La nivelación entre clases supuso una nivelación de estilos de vida. La gente normal tenía Chevrolets. Los ricos conducían Cadillacs. La televisión y la radio equipararon el entretenimiento y la cultura de que disfrutaba la gente sin diferencias de clase. Los catálogos de compra por correo igualaron las prendas que llevaba la gente y los productos que se compraban sin que importara dónde viviesen. En 1957 señalaba *Harper's Magazine*:

> El hombre rico fuma la misma clase de cigarrillos que el hombre pobre, se afeita con la misma clase de cuchilla, usa el mismo tipo de teléfono, de aspiradora, de radio y de televisor, tiene el mismo equipamiento de alumbrado y calefacción en casa, y podríamos seguir eternamente. Las diferencias entre su coche y el del hombre pobre son escasas. En esencia, tienen motores parecidos y accesorios similares. En los primeros años del siglo, en cambio, había una jerarquía de automóviles.

Paul Graham escribió en 2016 sobre algo tan simple como que el hecho de que hubiera solamente tres cadenas de televisión igualó la cultura:

Ahora cuesta imaginárselo, pero todas las noches decenas de millones de personas se sentaban juntas frente al televisor para ver el mismo programa, a la misma hora, al igual que sus vecinos. Lo que pasa ahora con la Super Bowl ocurría todas las noches. Estábamos literalmente sincronizados.[75]

Esto era importante. La gente medía su bienestar comparándose con sus iguales. Y durante la mayor parte del periodo 1945-1980, los estadounidenses tuvieron muchas personas con las que compararse que les parecían iguales a ellos. Mucha gente —la mayoría— llevaba una vida que era, o bien igual, o por lo menos comparable a la de las personas a su alrededor. La idea de que la vida de las personas era equiparable, del mismo modo que sus ingresos, es un punto importante de la historia sobre el que volveremos.

5. El endeudamiento subió enormemente. Pero también subieron los ingresos, así que no supuso un gran problema.

La deuda familiar se multiplicó por cinco entre 1947 y 1957 debido a la combinación de la nueva cultura de consumo, los nuevos instrumentos de deuda y unos tipos de interés subvencionados por programas públicos y mantenidos a un valor bajo por la Reserva Federal.

Sin embargo, el crecimiento de los ingresos fue tan pronunciado durante ese periodo que el impacto sobre los hogares no fue grave. Y la deuda familiar era muy baja al inicio del periodo, después de la guerra. La Gran Depresión arrasó buena parte del endeudamiento, y el gasto de los hogares estuvo tan restringido durante el conflicto bélico que la acumulación de deuda estuvo limitada. Así que el crecimiento de la proporción deuda-ingresos de los hogares entre 1947 y 1957 fue viable.

Actualmente, la relación deuda-ingresos está por encima del 100%. Incluso tras el crecimiento de los años cincuenta, sesenta y setenta, se mantuvo por debajo del 60%.

Buena parte de esa deuda se debió a un aumento del acceso a la vivienda de propiedad. El porcentaje de personas que vivían en una vivienda propia en el año 1900 era de un 47%. La cifra se mantuvo más o menos así durante las siguientes cuatro décadas. Pero luego se disparó y alcanzó un 53% en 1945 y un 62% en 1970. Una porción sustancial de la población ahora sacaba provecho de un endeudamiento al que las generaciones anteriores no habían accedido o no habían podido acceder. Y en su mayor parte les parecía bien.

David Halberstam escribe en su libro *The Fifties* [Los años cincuenta]:

> Estaban seguros de sí mismos y de su futuro de una forma que a los que crecieron en tiempos más duros les parecía asombrosa. No tenían el miedo a la deuda que tenían sus padres [...]. Se diferenciaban de sus padres no solo en lo mucho que fabricaban y en sus posesiones, sino en su creencia en que el futuro ya había llegado. Siendo los primeros de su familia en ser propietarios de una casa, trajeron consigo un nuevo entusiasmo y un nuevo orgullo a las tiendas al comprar muebles y electrodomésticos; en otros tiempos, las parejas jóvenes puede que mostraran tales sentimientos al comprar ropa para su primer hijo. Era como si el propio logro de ser propietarios de una casa supusiera un avance tan inmenso que nada de lo que pudieran comprar estuviera a la altura de la vivienda.

Ahora es un buen momento para enlazar algunas cosas, pues cada vez serán más importantes:

- Estados Unidos está viviendo un auge.
- Ese auge es más compartido que nunca.
- El auge se debe al endeudamiento, pero no es algo grave en ese momento, pues la deuda todavía es baja en relación con los ingresos y culturalmente está aceptado que endeudarse no es algo que dé miedo.

6. Las cosas empiezan a agrietarse.

El primer año en el que se evidenció que la economía estaba tomando otro rumbo fue 1973.

La recesión que empezó ese año mandó el desempleo a los niveles más altos desde los años treinta.

La inflación se disparó. Pero, a diferencia de los repuntes de la posguerra, se mantuvo alta.

Los tipos de interés a corto plazo alcanzaron el 8 % en 1973, viniendo de un 2,5 % diez años antes.

Y todo eso hay que ponerlo en el contexto del miedo que se había generado entre el conflicto en Vietnam, los disturbios y los asesinatos de Martin Luther King y John y Bobby Kennedy.

El panorama se volvió sombrío.

Estados Unidos dominó la economía mundial en las dos décadas posteriores a la guerra. Muchos de los países más grandes habían visto su capacidad industrial reducida a cenizas como consecuencia de los bombardeos. No obstante, a principios de los años setenta, eso cambió. Japón estaba en auge. La economía china estaba abriéndose. Oriente Medio estaba ejercitando sus músculos petroleros.

La combinación de unas ventajas económicas afortunadas y una cultura compartida por la generación de la Segunda Guerra Mundial *(Greatest Generation)* —curtida por la Depresión y anclada en la cooperación sistemática después de la guerra— se vio alterada cuando los *baby boomers* empezaron a alcanzar la mayoría de edad. Llegó entonces una nueva generación que tenía una visión distinta de lo que es normal al mismo tiempo que dejaron de soplar muchos de los vientos favorables de las dos décadas anteriores.

En finanzas todo son datos dentro del contexto de las expectativas. Uno de los mayores cambios del siglo pasado tuvo lugar cuando los vientos económicos empezaron a soplar en una dirección distinta y desigual, a la vez que las expectativas de la gente seguían enraizadas en la cultura de igualdad de la posguerra. No necesariamente igualdad de ingresos, aunque eso también se dio, sino igualdad en las expectativas de estilo de vida y de consumo; la idea de que alguien que obtuviera unos ingresos del quincuagésimo percentil no tenía por qué llevar una vida radicalmente distinta de alguien en el octagésimo o nonagésimo percentil. Y que, aunque alguien en el percentil 99 llevase una vida mejor, esa vida era, a pesar de todo, comprensible para alguien del quincuagésimo percentil. Así es como Estados Unidos funcionó durante buena parte del periodo 1945-1980. No importa si piensas que es moralmente correcto o no. Lo único que importa es que sucedió.

Las expectativas siempre evolucionan más despacio que los hechos. Y los hechos económicos de los años entre comienzos de los setenta y principios de los 2000 fueron que el crecimiento continuó, pero se volvió más desigual; y que, sin embargo, las expectativas de la gente en cuanto a la comparación de su estilo de vida con el de sus iguales no cambiaron.

7. Se reanuda el auge, pero es distinto que antes.

La campaña publicitaria «Morning in America» [Amanecer en Estados Unidos], impulsada por Ronald Reagan en 1984, proclamaba:

Vuelve a amanecer en Estados Unidos. Hoy van a ir a trabajar más hombres y mujeres que nunca en la historia de nuestro país. Con los tipos de interés a cerca de la mitad de sus máximos históricos de 1980, hoy casi 2.000 familias comprarán una nueva vivienda, más que en cualquier momento de los últimos cuatro años. Esta tarde 6.500 hombres y mujeres jóvenes se casarán, y con la inflación a menos de la mitad de lo que estaba hace solo cuatro años, pueden encarar el futuro con confianza.

Eso no era una exageración. El crecimiento del PIB estaba en su nivel más alto desde los años cincuenta. En 1989 había seis millones menos de estadounidenses sin empleo de los que había siete años antes. El S&P 500 se multiplicó casi por cuatro entre 1982 y 1990. El crecimiento total real del PIB en los años noventa fue aproximadamente el mismo que el de los cincuenta: un 40% frente a un 42%.

El presidente Clinton se jactaba de ello en su discurso del Estado de la Unión en el año 2000:

Empezamos el nuevo siglo con más de 20 millones de nuevos puestos de trabajo; el mayor crecimiento económico en más de treinta años; la menor tasa de desempleo de los últimos treinta años; la tasa más baja de pobreza de los últimos veinte años; las menores tasas de desempleo entre los afroamericanos y los hispanos desde que se tienen registros; los primeros superávits seguidos en cuarenta y dos años; y el mes que viene, Estados Unidos alcanzará el periodo más largo de crecimiento económico de toda su historia. Hemos construido una nueva economía.

La última frase era importante. Era una economía *nueva*. La mayor diferencia entre la economía del periodo 1945-1973 y la del periodo 1982-2000 era que el mismo valor de crecimiento había ido a parar a unos bolsillos totalmente distintos.

Probablemente ya conozcas esas cifras, pero no está de más recordarlas. Escribe *The Atlantic:*

> Entre 1993 y 2012, el 1% más rico de la población vio como sus ingresos aumentaban un 86,1%, mientras que el 99% más pobre obtuvo solamente un crecimiento de un 6,6%.

Y Joseph Stiglitz dijo en 2011:

> Mientras que el 1% más rico ha experimentado un aumento de sus ingresos de un 18% durante la década pasada, los de en medio han visto caer sus ingresos. Para los hombres que solo tienen formación secundaria, el descenso ha sido abismal: un 12% solamente en el último cuarto de siglo.

Se dio casi lo contrario de la nivelación que tuvo lugar después de la guerra.

El motivo de esa evolución sigue siendo uno de los debates más enconados de las ciencias económicas, superado únicamente por el debate sobre cómo deberíamos resolverlo. Por fortuna para el objetivo de nuestro análisis, no importa ni lo uno ni lo otro.

Lo único que importa es que la agudización de la desigualdad se ha vuelto un hecho relevante a lo largo de los últimos treinta y cinco años, y eso ha ocurrido durante un periodo en el que, culturalmente, los estadounidenses se han mantenido aferrados a dos ideas ancladas en la economía posterior a la Segunda Guerra Mundial: que uno debería llevar un estilo de vida parecido al de la mayoría de los ciudadanos estadounidenses y que endeudarse para financiar ese estilo de vida es algo aceptable.

8. El gran esfuerzo

El aumento de los ingresos entre un pequeño grupo de estadounidenses provocó que ese grupo se alejara del resto en cuanto al estilo de vida.

Esas personas compraron casas más grandes, coches más bonitos, fueron a colegios caros y se tomaron unas vacaciones lujosas.

Y el resto de la gente estaba mirando, lo que fue propiciado por Madison Avenue en los años ochenta y noventa y posteriormente por internet.

Los estilos de vida de la pequeña parte de estadounidenses legítimamente ricos inflaron las aspiraciones de la mayoría de los ciudadanos, cuyos ingresos no subían.

La cultura de la igualdad y la solidaridad que surgió entre los años cincuenta y los setenta se transformó en una aspiración de estar a la altura de tus vecinos para no quedar mal socialmente.

El problema es evidente.

Joe, un empleado de un banco de inversión que gana 900.000 dólares al año, compra una casa de 370 metros cuadrados y dos Mercedes, y manda a tres de sus hijos a la Universidad Pepperdine. Se lo puede permitir.

Peter, director de una sucursal de banca comercial que gana 80.000 dólares al año, ve a Joe y siente, de manera subconsciente, que tiene derecho a llevar un estilo de vida similar, porque los padres de Peter creían, y así se lo inculcaron a su hijo, que los estilos de vida estadounidenses no eran tan distintos, incluso entre personas con trabajos diferentes. Sus padres tenían razón durante su época, porque los ingresos se concentraban en una distribución más reducida. Pero eso era antes. Peter vive en un mundo distinto. Pero sus expectativas no han cambiado mucho con respecto a las de sus padres, mientras que los hechos sí son distintos.

Entonces, ¿qué hace Peter?

Pide una hipoteca ingente. Tiene 45.000 dólares de deuda gracias a su tarjeta de crédito. Alquila dos coches. Sus hijos se gradúan con unos cuantiosos préstamos universitarios. No puede permitirse lo mismo que Joe, pero se ve obligado a endeudarse para seguir el mismo estilo de vida. Hace un gran esfuerzo.

Esto le habría parecido absurdo a una persona en los años treinta. Pero nos hemos pasado setenta y cinco años desde el final de la guerra promoviendo la aceptación cultural del endeudamiento de las familias.

Durante una época en la que la media salarial se mantuvo estable, la nueva vivienda estadounidense media aumentó un 50%.

Media de metros cuadrados de las nuevas casas en Estados Unidos

En la actualidad, la vivienda nueva en Estados Unidos tiene más baños que residentes. Casi la mitad tienen cuatro dormitorios o más, mientras que en 1983 la proporción era de un 18%.

El préstamo medio por la compra de un coche, ajustado a la inflación, se duplicó con creces entre 1975 y 2003, de 12.300 dólares a 27.900.

Y ya sabes lo que ocurrió con los costes de las matrículas universitarias y los préstamos de estudios.

La relación deuda-ingresos de los hogares se mantuvo casi estable entre 1963 y 1973. Luego subió y subió, desde alrededor de un 60% en 1973 hasta más de un 130% en 2007.

Incluso cuando los tipos de interés se desplomaron desde comienzos de los ochenta hasta el 2000, el porcentaje de ingresos dedicado al pago de la deuda aumentó. Y el aumento fue debido sobre todo a los grupos con menos ingresos. La proporción de ingresos dedicada a los pagos de deuda y alquiler es de un poco más de un 8% en los grupos con los ingresos más altos —los que ganan más—, pero de más de un 21% en los que están por debajo del quincuagésimo percentil.

La diferencia entre ese aumento de la deuda y el incremento que tuvo lugar durante los años cincuenta y sesenta es que la escalada reciente empezó a partir de una base elevada.

El economista Hyman Minsky describió así el inicio de las crisis de la deuda: es el momento en que la gente asume más deuda de la que puede pagar. Es un momento desagradable y doloroso. Es como cuando el Coyote mira hacia abajo, se da cuenta de que está jodido y se cae por el precipicio.

Y esto es, evidentemente, lo que pasó en 2008.

9. Una vez que un paradigma está asentado, es muy difícil cambiarlo.

Después de 2008, se renunció a buena parte del endeudamiento. Y luego se hundieron los tipos de interés. Ahora los pagos de deuda de las familias como porcentaje sobre los ingresos están en sus niveles más bajos de los últimos treinta y cinco años.

No obstante, la respuesta a 2008, por necesaria que fuera, perpetuó algunas de las tendencias que nos han llevado hasta aquí.

La expansión cuantitativa impidió el desmoronamiento de la economía y al mismo tiempo incentivó el precio de los activos, un regalo para los que tenían activos en su haber; en su mayor parte, gente rica.

La Reserva Federal respaldó la deuda empresarial en 2008. Eso ayudó a quienes eran propietarios de esa deuda; en su mayor parte, gente rica.

Las reducciones de impuestos durante los últimos veinte años han beneficiado sobre todo a quienes tienen unos ingresos más altos. La gente con unos ingresos más altos envía a sus hijos a las mejores universidades. Esos chavales pueden terminar ganando salarios más altos e invierten en deuda empresarial que será respaldada por la Reserva Federal, tendrán acciones que serán respaldadas por varias políticas públicas, y suma y sigue.

Ninguna de estas cosas son problemas de por sí, motivo por el cual siguen vigentes.

Sin embargo, son un síntoma de algo más grande que ha ocurrido desde comienzos de los años ochenta: la economía funciona mejor para algunas personas que para otras. El éxito no es tan meritocrático como lo era antes y, cuando se alcanza el éxito, es recompensado con unos beneficios mayores que en épocas anteriores.

No tienes por qué pensar que esto es moralmente correcto o incorrecto.

Y, una vez más, en esta historia no importa por qué ocurrió.

Lo único que importa es que, efectivamente, ocurrió, y que provocó que la economía se alejara de las expectativas de la gente que se establecieron después de la guerra: que hay una amplia clase media sin desigualdad sistemática, en la que los vecinos de al lado y de a unos cuantos kilómetros a la redonda llevan una vida que es bastante parecida a la tuya.

La razón, en parte, de por qué esas expectativas han permanecido intactas durante treinta y cinco años tras distanciarse de la realidad es que, mientras eran válidas, daban una sensación muy agradable a mucha gente. Algo tan bueno —o al menos la impresión de que era muy bueno— no es fácil de soltar.

Así que la gente no lo ha soltado. Y quiere recuperarlo.

10. El Tea Party, Occupy Wall Street, el brexit y Donald Trump representan en cada caso a un grupo de gente gritando «Paren el mundo, que me quiero bajar».

Los detalles concretos de cada griterío son distintos, pero todos los grupos están gritando —al menos, en parte— porque las cosas no les están funcionando en el contexto de las expectativas de posguerra de que las cosas deberían funcionar más o menos bien para más o menos todo el mundo.

Puedes burlarte de la conexión simple entre el ascenso de Trump y la desigualdad de ingresos. Y deberías hacerlo. Esas cosas tienen siempre varias capas de complejidad. Pero son una parte clave de lo que lleva a la gente a pensar: «No vivo en el mundo que esperaba. Esto me fastidia. Así que a la porra. ¡Y vosotros también, a la porra! Voy a luchar para conseguir algo totalmente distinto, porque esto, sea lo que sea, no está funcionando».

Tomad esta mentalidad y elevadla a la potencia de Facebook, Instagram y las noticias veinticuatro horas, donde la gente tiene mayor conciencia que nunca de cómo viven los demás. Es echar leña al fuego. Dice Benedict Evans: «Cuanto más expuesta está la gente a otros puntos de vista gracias a internet, más se enfada la gente por que existan distintos puntos de vista». Este es un gran cambio con respecto a la economía de la posguerra, donde el abanico de opiniones económicas era menor, tanto porque el rango real de resultados era menor como porque no era tan fácil enterarse de lo que pensaban los demás y de cómo vivían.

Yo no soy pesimista. La economía es la historia de los ciclos. Las cosas van y vienen.

Ahora la tasa de desempleo está en su punto más bajo de las últimas décadas. Ahora, de hecho, los salarios están creciendo más deprisa en el caso de los trabajadores con bajos ingresos que en el de los ricos.[76] En general, los costes universitarios han dejado de aumentar si se tienen en cuenta las becas.[77] Si todo el mundo analizara los avances en sanidad, comunicación, transporte y derechos civiles desde los gloriosos años cincuenta, creo que la mayoría no querría volver atrás.

Sin embargo, un aspecto central de esta historia es que las expectativas se mueven más despacio que la realidad sobre el terreno. Esto puede verse en cómo la gente siguió aferrada a las expectativas de los años cincuenta mientras la economía iba cambiando a lo largo de los siguientes treinta y cinco años. Y, aunque hoy mismo empezase un *boom* de la clase media, podría ser que persistieran las expectativas de que el juego perjudica a todo el mundo salvo a los de más arriba.

Por tanto, la época del «Esto no está yendo bien» puede persistir.

Y la época del «Necesitamos algo radicalmente nuevo, ahora mismo, sea lo que sea» también puede persistir.

Y eso, en cierto modo, forma parte de lo que da comienzo a sucesos como los que condujeron a la Segunda Guerra Mundial, donde empezó este relato.

La historia, en definitiva, no es más que una puñetera cosa detrás de otra.

Notas

1. J. Pressler, «Former Merrill Lynch Executive Forced to Declare Bankruptcy Just to Keep a $14 Million Roof Over His Head», *New York magazine*, 9 de abril de 2010.

2. Ibíd.

3. L. Thomas Jr., «The Tale of the $8 Million 'Bargain' House in Greenwich», *The New York Times*, 25 de enero de 2014.

4. U. Malmendier, S. Nagel, «Depression Babies: Do Macroeconomic Experiences Affect Risk-Taking?», agosto de 2007.

5. «How large are 401(k)s?», Investment Company Institute, diciembre de 2019.

6. R. Butler, «Retirement Pay Often Is Scanty», *The New York Times,* 14 de agosto de 1955.

7. «Higher education in the United States», Wikipedia.

8. K. Bancalari, «Prívate college tuition is rising faster than inflation.... again», *USA Today*, 9 de junio de 2017.

9. «How Many People Die Rock Climbing?», The Rockulus.

10. A. T. Vanderbilt II, *Fortune's Children: The Fall ofthe House of Vanderbilt*, William Morrow Paperbacks, 2012.

11. D. McDonald, «Rajat Gupta: Touched by scandal», Fortune, 1 de octubre de 2010.

12. «Did millionaire Rajat Gupta suffer from billionaire envy?», *The Economic Times*, 27 de marzo de 2011.

13. J. Nicas, «Facebook Connected Her to a Tattooed Soldier in Iraq. Or So She Thought», *The New York Times*, 28 de julio de 2019.

14. T. Maloney, «The Best-Paid Hedge Fund Managers Made $7.7 Billion in 2018», *Bloomberg*, 15 de febrero de 2019.

15. S. Weart, «The Discovery of Global Warming», disponible en: <history.aip.org/climate/cycles.htm>, enero de 2020.

16. S. Langlois, «From $6,000 to $73 billion: Warren Buffett's wealth through the ages», MarketWatch, 6 de enero de 2017.

17. D. Boudreaux, «Turnover in the Forbes 400, 2008-2013», Cafe Hayek, 16 de mayo de 2014.

18. M. Pabrai, disponible en: <www.youtube.com/watchPtime_continue=200&v=YmmIbr KDYbw>.

19. «Art Dealers: The Other Vincent van Gogh», Horizon Research Group, junio de 2010.

20. <www.collaborativefund.com/uploads/venture-returns.png>.

21. «The Agony and the Ecstasy: The Risks and Rewards of a Concentrated Stock Position», Eye on the Market, J.P. Morgan, 2014.

22. L. Eadicicco, «Here's Why You Probably Won't Get Hired At Google», Business Insider, 23 de octubre de 2014.

23. «What is the offer acceptance rate for Facebook software engineering positions?», Quora.com.

24. W. Fulton, «If You Want to Build a Great Team, Hire Apple Employees», *Forbes*, 22 de junio de 2012.

25. J. Berger, «How to Change Anyone's Mind», *The Wall Street Journal*, 21 de febrero de 2020.

26. D. Sivers, «How I got rich on the other hand», sivers.org, 30 de octubre de 2019.

27. N. Chokshi, «Americans Are Among the Most Stressed People in the World, Poli Finds», *The New York Times*, 25 de abril de 2019.

28. Russell Sage Foundation—Chartbook of Social Inequality.

29. D. Thompson, «Why White-Collar Workers Spend AU Day at the Office», The Atlantic, 4 de diciembre de 2019.

30. «Rihanna's ex-accountant fires back», News24, 24 de marzo de 2014.

31. B. Mann, «Want to Get Rich and Stay Rich?», The Motley Fool, 7 de marzo de 2017.

32. «U.S. energy intensity projected to continué its steady decline through 2040», U. S. Energy Information Administration, 1 de marzo de 2013.

33. Julius Wagner-Jauregg—Biographical, nobelprize.org.

34. J. M. Cavaillon, «Good and bad fever», *Critical Care* 16:2, 2012.

35. «Fever—Myths Versus Facts», Hospital Infantil de Seattle.

36. J. J. Ray y C. I. Schulman, «Fever: suppress or let it ride?», *Journal of Thoracic Disease* 7:12, 2015.

37. A. LaFrance, «A Cultural History of the Fever», *The Atlantic,* 16 de septiembre de 2015.

38. J. Zweig, «What Harry Markowitz Meant», jasonzweig. com, 2 de octubre de 2017.

39. L. Pleven, «In Bogle Family, It's Either Passive or Aggressive», *The Wall Street Journal,* 28 de noviembre de 2013.

40. C. Shapiro y M. Housel, «Disrupting Investors' Own Game», The Collaborative Fund.

41. <www.bylo.org>.

42. Universidad Estatal de Washington, «For pundits, it's better to be confident than correct», ScienceDaily, 28 de mayo de 2013.

43. «Daniel Kahneman's Favorite Approach For Making Better Decisions», Farnham Street, enero de 2014.

44. W. Buffett, Carta a los accionistas de Berkshire Hathaway Inc., 2008.

45. W. Buffett, Carta a los accionistas de Berkshire Hathaway Inc., 2006.

46. B. Plumer, «Only 27 percent of college grads have a job related to their major», The Washington Post, 20 de mayo de 2013.

47. G. Livingston, «Stay-at-home monis and dads account for about one-in-five U. S. parents», Pew Research Center, 24 de septiembre de 2018.

48. D. Gilbert, «The psychology of your future self», TED2014.

49. J. Zweig, «What I Learned From Daniel Kahneman», jasonzweig.com, 30 de marzo de 2014.

50. J. Ptak, «Tactical Funds Miss Their Chance», Morningstar, 2 de febrero de 2012.

51. R. Kinnel, «Mind the Gap 2019», Morningstar, 15 de agosto de 2019.

52. M. Desmond, «Accounting Tricks Catch Up With GE», Fortes, 4 de agosto de 2009.

53. A. Berenson, «Freddie Mac Says It Understated Profits by Up to $6.9 Billion», The New York Times, 25 de junio de 2003.

54. «U.S. Home Flipping Rate Reaches a Nine-Year High in Ql 2019», Attom Data Solutions, 4 de junio de 2019.

55. A. Osborn, «As if Things Weren't Bad Enough, Russian Professor Predicts End of U.S.», The Wall Street Journal, 29 de diciembre de 2008.

56. «Food in the Occupation of Japan», Wikipedia.

57. J. M. Jones, «U.S. Stock Ownership Down Among AU but Older, Higher-Income», Gallup, 27 de mayo de 2017.

58. E. Rauchway, The Great Depression and the New Deal: A Very Short Introduction, Oxford University Press, 2008.

59. L. R. Brown, Plan B 3.0: Mobilizing to Save Civilization, W.W. Norton & Company, 2008.

60. FRED, Banco de la Reserva Federal de San Luis.

61. «U.S. Crude Oil Production—Historical Chart», Macro Trends.

62. «Thomas Selfridge», Wikipedia.

63. <www.nhlbi.nih.gov>.

64. D. Walsh, «The Tragedy of Saudi Arabia's War», The New York Times, 26 de octubre de 2018.

65. B. Pisani, «Active fund managers trail the S&P 500 for the ninth year in a row in triumph for indexing», CNBC, 15 de marzo de 2019.

66. B. Pisani, «Active fund managers trail the S&P 500 for the ninth year in a row in triumph for indexing», CNBC, 15 de marzo de 2019.

67. «Minutes of the Federal Open Market Committee», Reserva Federal de Estados Unidos, 30/31 de octubre de 2007.

68. <www.nasa.gov>.

69. A. Ram, «Portfolio managers shun investing in own funds», *Financial Times,* 18 de septiembre de 2016.

70. K. Murray, «How Doctors Die», Zócalo Public Square, 30 de noviembre de 2011.

71. B. Pisani, «Active fund managers trail the S&P 500 for the ninth year in a row in triumph for indexing», CNBC, 15 de marzo de 2019.

72. «Treasury-Fed Accord», <federalreservehistory.org>.

73. S. Garon, «Beyond Our Means: Why America Spends While the World Saves», Banco de la Reserva Federal de San Luis, 1 de julio de 2012.

74. «Economic Report of the President», FRASER, Reserva Federal de San Luis, 1951.

75. P. Graham, «The Refragmentation», <paulgraham.com>, 2016.

76. P. Davidson, «Jobs in high-wage industries are growing fastest», *USA Today,* 14 de diciembre de 2019.

77. R. Channick, «Average college costs flat nationwide, at just under $15K, as universities increase grants», *Chicago Tribune,* 16 de octubre de 2018.

Agradecimientos

Como todos los libros, *La psicología del dinero* no habría sido posible sin la ayuda de innumerables personas que me apoyaron a lo largo del camino. Son demasiadas para mencionarlas a todas. Pero permitidme recordar a algunas que me han brindado un especial apoyo:

Brian Richards, que apostó por mí antes que nadie.

Craig Shapiro, que apostó por mí cuando no tenía por qué hacerlo.

Gretchen Housel, cuyo apoyo es inquebrantable.

Jenna Abdou, que me ayuda sin pedir nada a cambio.

Craig Pearce, que me anima, me guía y me instruye.

Jamie Catherwood, Josh Brown, Brent Beshore, Barry Ritholtz, Ben Carlson, Chris Hill, Michael Batnick y James Osorne, cuyos comentarios y críticas fueron indispensables.

Muchas gracias.

Sobre el autor

Morgan Housel es un importante analista económico y fue durante años uno de los columnistas más leídos del *Wall Street Journal*. Es un experto en finanzas conductuales y socio de The Collaborative Fund, una compañía de capital de riesgo que apoya a empresas jóvenes que están haciendo avanzar al mundo. Ha sido dos veces ganador del premio Best in Business Award, así como dos veces finalista del Gerald Loeb Award, galardones que reconocen la excelencia en el periodismo en los campos de los negocios, las finanzas y la economía.